Eugen Mogk

Untersuchungen über die Gylfaginning

Erster Teil: Das Handschriftenverhältnis der Gylfaginning

Eugen Mogk

Untersuchungen über die Gylfaginning
Erster Teil: Das Handschriftenverhältnis der Gylfaginning

ISBN/EAN: 9783744612753

Hergestellt in Europa, USA, Kanada, Australien, Japan

Cover: Foto ©Thomas Meinert / pixelio.de

Weitere Bücher finden Sie auf **www.hansebooks.com**

UNTERSUCHUNGEN

UEBER DIE

GYLFAGINNING.

ERSTER TEIL.

DAS HANDSCHRIFTENVERHÄLTNIS DER GYLFAGINNING.

INAUGURAL-DISSERTATION

ZUR

ERLANGUNG DER PHILOSOPHISCHEN DOCTORWÜRDE

AN DER

UNIVERSITAET LEIPZIG

VON

EUGEN MOGK

AUS DOEBELN.

HALLE ᴬ/S.

DRUCK VON E. KARRAS.

1879.

Die nachstehende dissertation bildet den ersten teil der abhandlung des verfassers 'Untersuchungen über die Gylfaginning', welche der philosophischen facultät zu Leipzig vollständig zur beurteilung vorgelegen hat. Der zweite teil derselben 'Ueber die quellen der Gylfaginning' wird im nächsten bande der „beiträge zur geschichte der deutschen sprache und literatur" erscheinen.

UNTERSUCHUNGEN
UEBER DIE GYLFAGINNING.

I.

Von allen hauptquellen des germanischen altertums ist bisher von philologischer seite keine so vernachlässigt worden als die sogenannte prosaische Edda. Und gerade diese ist von ungemein grosser wichtigkeit, einerseits für die kritik des werkes, welchem man im letzten decennium so grosse aufmerksamkeit geschenkt hat, der sogenannten Eddalieder, andererseits für unsere mythologie und sage. Dass diesem werke noch nicht die nötigen untersuchungen zu teil geworden sind, hat wol, wie schon andernorts darauf hingewiesen worden ist[1]), seinen hauptgrund darin, dass der längst ersehnte 3. band der Arnamagnäanischen ausgabe der Edda noch nicht erschienen ist. Leider haben wir auch, wie ich aus zuverlässiger quelle erfahren habe, keine aussicht, dass derselbe innerhalb der nächsten drei bis vier jahre erscheint.[2])

Unterdessen hat sich auch in Deutschland immer mehr das bedürfnis herausgestellt, diese quelle germanischen altertums in das gebiet der specialuntersuchungen zu ziehen, und diesem bedürfnis hat neuerdings E. Wilken[3]) abhülfe zu ver-

---

[1]) Vgl. Symons 'Untersuchungen über die sog. Volsungasaga' Beitr. III s. 210.

[2]) Ein teil dieses bandes, enthaltend 'Commentarii in carmina' und 'Skáldatal bis zu Hallfrep Vandræpa skáld' (480 ss.) ist bereits gedruckt. Die ausarbeitung des übrigen teiles wird, wie mir herr prof. Gislason mitteilte, herr Þorláksson übernehmen.

[3]) Untersuchungen zur Snorra-Edda. Als einleitung 'Zur prosaischen Edda im auszuge' von E. Wilken. Paderborn 1878. Leider kam

1

schaffen gesucht. Leider hat das werk unsere wissenschaft
wenig gefördert, da dasselbe, abgesehen von den mannigfaltigen widersprüchen, hypothesenspiel u. dgl., teils auf der ausgabe von Rask, teils auf der Arn. Magn. basiert. Wie aber
diese ausgaben an einer menge traditioneller fehler leiden,
werde ich im verlaufe meiner untersuchung zeigen. Es wird
daher, trotz der Wilkenschen untersuchungen, eine neue arbeit
nicht ganz zwecklos sein, zumal da ich in verschiedenen punkten nicht geneigt bin, mich Wilkens ansicht anzuschliessen.
Ich habe diese untersuchungen nur auf einen teil der Edda,
die Gylfaginning, erstreckt, denn zu einer arbeit über die
ganze Edda, namentlich über Skáldskaparmál, fehlen uns noch
die vorarbeiten. Natürlich werde ich hier und da auf die
ganze Edda zu sprechen kommen, die specialuntersuchung dagegen werde ich auf Gylfaginning beschränken und von diesem teile zuerst das handschriftenverhältnis erörtern, darauf
die quellenfrage untersuchen, zuletzt endlich die frage über
den verfasser in erwägung ziehen.

Erster teil.

Ueber die handschriften der Gylfaginning.

Von allen uns überlieferten hss. der Edda[1]) kommen bei
einer untersuchung der Gylfaginning ausschliesslich die drei
alten pergamenthss. der Edda in betracht, nämlich:

A. d. i. cod. memb. der universitätsbibliothek zu Upsala cod.
    Delag. no. 11, grossoctav (cod. Upsaliensis. U).

B. d. i. cod. memb. der universitätsbibliothek zu Kopenhagen,
    Arnamagn. saml. no. 242 fol. (cod. Wormianus W).

C. d. i. cod. memb. der kgl. bibliothek zu Kopenhagen, gl.
    saml. no. 2367. 4° (cod. regius. r).

---

ich erst in besitz dieser abhandlung, als vorliegende untersuchung bereits fertig da lag. Ich habe deshalb nicht jeden einzelnen punkt genau
ins auge fassen können.

[1]) Nur der Snorra- oder pros. Edda räume ich mit Bugge (Norrœn
fornkvæði, Fortale) u. a. den namen Edda ein. Aus diesem grunde
bezeichne ich dieselbe schlechthin mit Edda.

Alle anderen uns erhaltenen hss. der Edda kommen für Gylfaginning teils nicht in betracht, teils sind dieselben für eine untersuchung derselben, wie der ganzen Edda ohne wert. Denn alle papierhss. und die beiden pergamenthss. D und E sind teils abschriften eines jener drei cod.[1]), teils freie bearbeitungen[2]), teils compilatorische werke aus mehreren uns erhaltenen alten oder jüngeren hss.[3])

Die codices:

F. d. i. cod. AM. memb. no. 748. 4⁰

G. d. i. cod. AM. memb. no. 757. 4⁰

H. d. i. cod. AM. memb. I e β. 4⁰

enthalten Gylfaginning nicht, nur hier und da kommen für dieselbe die cod. F. und G. mit in betracht.

Nach diesen kurzen notizen gehe ich zur untersuchung des handschriftenverhältnisses jener drei pergamenthss. über und erörtere zuerst das verhältnis der cod. B und C zu ihrer vorlage, dann aber das verhältnis dieser cod. und ihrer vorlage zum cod. A.

1) Das verhältnis der cod. B und C zu ihrer vorlage.

Obgleich es keinem zweifel unterliegt, dass die hs. B mindestens 50 jahr jünger ist als C und in den teilen, welche für diese untersuchung nicht in betracht kommen, mehrere lücken hat, so ist ihr doch in den meisten fraglichen fällen

---

[1]) So *E* d. s. die fragmente der universitätsbibliothek zu Kopenhagen AM. saml. no. 756. 4⁰, welche eine abschrift des cod. B sind, und verschiedene papierhss. zu Stockholm und Kopenhagen. Die beweise hierfür sowie für das folgende, welche das resultat einer vergleichung ziemlich aller uns erhaltenen cod. der Edda sind, werde ich an geeigneter stelle bringen.

[2]) Hierher gehört die in den ausgaben genannte Laufáss edda d. i. cod. AM. no. 758 chart. 4⁰ (nicht 762, wie Wilken a. a. o. s. 6 angibt). Die recension ist in Auðkúla, vom pfarrer Magnús O'láfsson im jahre 1609 verfasst; äussere und innere gründe sprechen dafür, dass derselben cod. B zu grunde gelegen hat.

[3]) Zu dieser gruppe, welcher eine grosse anzahl von papierhss. angehört, gesellt sich auch cod. D d. i. cod. memb. der kgl. bibliothek zu Stockholm no. 3, 4⁰, welcher im ganzen eine abschrift des cod. C ist, in der praefatio jedoch sowie in Gylfag. die recension des Magnús und den cod. A direct oder indirect mit benutzt hat.

der vorzug vor C zu geben. Hierauf ist nun schon von verschiedenen seiten aufmerksam gemacht worden.[1]) Und so hat Wilken[2]) ohne zweifel recht gehandelt, wenn er bei einer ausgabe der ausführlichen redaction den cod. B zu grunde legt. Nur hätte sich Wilken die mühe nicht ersparen sollen, sich für die von ihm ausgezogenen teile der Edda eine collation des cod. B zu verschaffen. Denn abgesehen davon, dass es an und für sich eine misliche sache ist, aus einem variantenapparate die normalhs. einer ausgabe zu reconstruieren, muss eine vergleichung der AM.-ausgabe mit den einzelnen abschnitten, welche Bugges ausgabe der Norrœn fornkvæði enthält zeigen, dass jene zu kritischen zwecken unzuverlässig ist. Aus diesem grunde unterwerfe ich diese zwei cod. einer abermaligen untersuchung und werde an erster stelle die varianten beider cod. an solchen stellen ins auge fassen, wo B und C gegenüber A im texte ausführlicher sind.

Hier müssen wir in den bei weitem meisten fällen B vor C den vorzug geben.[3]) Solche stellen sind:

AM. I. 30 no. 8 sagt C von Gefjon: var ein at ása ætt, B dagegen hat das ohne zweifel richtige: af ása ætt. Weiter sagt B (AM. I, 176 no. 8) von der Nanna: sprakk af harmi, während C fälschlicherweise schreibt: a harmi. Ich würde diese zwei fälle bei den schreibfehlern von C angeführt haben, was sie ja, wie bereits der schreiber von D einsah, ohne zweifel sind, wenn nicht die lesart von C in der AM.-ausgabe in den text aufgenommen wäre.[4])

AM. I. 32 no. 13 schreibt C: Gylfi for með lavu; B dagegen: með keynd. Nun findet sich, so weit ich sehen kann,

----

[1]) Vgl. Pfeiffer, Altn. leseb. s. 14 [18] anm. Bugge, Norrœn fornk. s. XXXII. Wimmer, Oldnord. laeseb. 2. aufl. s. II u. ö.

[2]) Vgl. Wilken, Einl. s. 41.

[3]) Vgl. Wilken, Untersuch. s. 37 ff. Ich berücksichtige zunächst hier nur die stellen der prosa.

[4]) Nach AM I, s. 30 no. 12 soll sich in C der nom. plur. öxninn finden. Möbius (Altn. gloss. s. 327) nimmt meines wissens allein an dieser form anstoss. Vigfússons (Icel. engl. dict. s. 627) ansicht avxninn = öxninir ist haltlos. Die form wird dadurch getilgt, dass im cod. C avxnin' steht; dies ist aber die normale form öxninir und nicht öxninn. Die citate sind nach der Arnamagnäanischen ausgabe (AM.): Edda Snorra Sturlusonar 2 tom. Hafniae 1818 und 1852.

in der altn. prosa keine parallelstelle, wo das adv. 'heimlich' durch 'með laun' ausgedrückt wird; nur die ausdrücke: með leynd und á laun sind belegt. Es hat also B ohne zweifel das richtige.[1])

AM. I. 44 no. 6 findet sich frage und antwort aus Vafþrm. Cod. B reiht beides einfach aneinander, während C vor der frage die worte einschiebt: þa spvrþi gangleri. Dass diese lesart falsch ist, unterliegt keinem zweifel, denn in Vafþrm. ist Gagnráþr der fragende. Die conjectur der AM.-ausgabe, für 'Gangleri' 'Gagnráþr' (?) zu lesen[2]), ist wol ziemlich leidlich, dass jedoch ursprünglich die worte dagestanden haben, möchte ich bezweifeln. Denn abgesehen davon, dass sich in B, welches ja keineswegs zu kürzung geneigt ist, nicht nur jene worte, sondern auch die frage und antwort verbindenden 'þá er' fehlen, hat mich ein äusserer grund veranlasst, hier in C späteren zusatz zu sehen: vor und nach jenen worten findet sich im cod. ein punkt. Die frage hat aber wol allein dem schreiber veranlassung zu jenen worten gegeben, welche er ganz analog den vorausgehenden worten bei den anderen fragen in Gylfag. niederschrieb.

AM. I. 48 no. 14 lesen die ausgaben, ausser Wilken, auf cod. C gestützt: þaraf (sc. af því blóþi) gerþu þeir sjá þann, er þeir gerþu ok festu saman jorþina. Hier gibt das zweite gerþu keinen sinn. B hat gyrðu, prt. von gyrþa = mit einem gürtel umgeben, festbinden. Und so lautet unsere stelle nach B: 'Burs söhne schufen aus Y'mirs blute das weltmeer, womit sie die erde umgürteten und dieselbe dadurch befestigten.' Allein ich will bei dieser stelle die schuld der falschen lesart weniger auf C werfen, als auf die herausgeber. Im cod. steht nämlich g'þv. Die abkürzung kann aber sowol er als ir bedeuten[3])

---

[1]) Wilkens ansicht (a. a. o. s. 39), in leynd eine jüngere sprachform zu finden, teile ich nicht. Die form leynd findet sich bereits in einer der ältesten hss. AM. 674 4⁰ (vgl. photol. abdr. der Am. commission s. 19, 1). Ist sie auch hier part. von leynda, so verhält sich doch sicher launa zu leynda wie laun zu leynd.

[2]) Wilken (a. a. o. s. 39) tritt für diese conjectur ein und nimmt sie als Gangraðr (?) in seiner ausgabe auf.

[3]) Vgl. Gislason, Um frumparta íslenzkrar túngu s. LIII.

und so können wir nach C ebensowol girþv als gerþv lesen.
i steht aber im cod. öfter für y.[1])

AM. I. 50 no. 7 wird erzählt, dass Burs söhne der sonne,
dem monde und den sternen ihren platz angewiesen hätten.
Darauf folgt der teil einer strophe aus Voluspá, worin steht,
dass weder sonne noch mond noch sterne gewust hätten, wo
ihr heim war. Alsdann folgen in C die worte: Sva var aðr
en þetta væri of iorð.[2]) Die worte deutet Pfeiffer[3]): 'so war
es, ehe dies geschah rücksichtlich der erde d. i. bis die erde
auf diese weise geschaffen wurde.' Abgesehen davon, dass
Pfeiffer hier zu viel in die praep. of legt, passt diese deutung
auch gar nicht in den zusammenhang, da vorher von den
sternen und nicht von der erde die rede gewesen ist. Die
conjectur für of jorþ 'of gört' zu lesen[4]) ist zwar ganz an-
sprechend, allein ich halte sie nicht für notwendig, wenn wir
die lesart von B accepticren und das þetta auf die vorhergehenden worte: þeir gáfu staþ[5]) ǫllum elldingum[6]) etc. beziehen.

AM. I. 54 no. 8 wird von Alfǫþr gesagt, er sei der vater
alles dessen, was durch seine kraft war: fullt gert. So nach
C. Das fullt gert ist mir dunkel; B liest dafür ohne zweifel
richtig: fullgert.

---

[1]) So findet sich im cod. C fast durchgehends ifir geschrieben.
Ebenso kürzt C fyr durch f' ab.

[2]) Cod. D geht mit C und schreibt um jorð. Dagegen fehlen die
worte im cod. St. (vgl. Rask. Sn. E. 9 no. 4) auf grund der Edda red.
des Magnús O'láfsson.

[3]) A. a. o. s. 5 anm. 26.

[4]) Vgl. Wilken, Einl. s. 41 no. 59.

[5]) So ist ohne zweifel in der ausführlichen red. mit B (stað) zu
lesen. staþar hat nur C.

[6]) Ich schreibe lld im anschluss an die schreibweise sämmtlicher
pergamenthss. der Edda. Dass wir vor d und t im altn. die aussprache
lld, llt, nnd, nnt haben, unterliegt keinem zweifel. Von den ältesten bis
zu den jüngsten hss. ist diese schreibweise die bei weitem überwiegende.
Die Annales regii (cod. reg. 2087. 4°), eine der vorzüglichsten hss.,
schreiben consequent lld, llt, nd, nt. Die jüngeren hss., welche für þ
(resp. ð) d schreiben, haben dieselbe schreibweise, wenn d = d, dagegen nur ld, nd, wenn dasselbe = lþ, nþ ist. Skaldenreime bestätigen
dies; so reimt Bragi (AM. I. 256[5]): enndi — kenndi; Eilifr (AM. I.
306, 1): galla — gjǫlldum (so hat auch cod. B).

AM. I, 82 no. 10 heisst der vater des winters nach C:
vindloni, nach B in den ausgaben: Vindljón oder Vindljóni.[1])
Jenes 'Vindlóni' des cod. C deutet Grimm [2]): 'der windbrin-
gende', bringt es also mit altn. launa, altsächs. und ahd. lônôn
zusammen. Allein ich habe im altn. keine belege dafür finden
können, dass ó für stammhaftes au auftritt. Es bleibt dieses
wort nach C dunkel. Cod. B nun schreibt, ebenso das von
ihm abgeschriebene fragment E: vindliō. Nun habe ich die
beobachtung bei B gemacht, dass ein strich über auslautendem
vocal eines wortes durchgehends 'm' bedeutet.[3]) So bekämen
wir also nach B das wort Vindljóm. Dies gibt keinen sinn
und daher möchte ich annehmen, dass der schreiber von B
das 'ni' seiner vorlage für 'm' angesehen und dass in der B
und C gemeinsamen vorlage Vindljóni gestanden habe. In
dem 2. teile dieses wortes möchte ich aber eine alte singular-
form von dem sonst nur im plur. belegten 'ljónar = homines,
viri' finden.

AM. I. 122 no. 6. 7 hat C: þá svarar skírnir. sagþi sva
at. Für diese verbindungslose aneinanderreihung zweier verba
des sagens habe ich in Gylfag. keine parallelstelle finden
können. Dass dieselbe nicht am platze ist, fühlte auch Pfeiffer
und setzte deshalb vor sagþi ein ok ein. Es hindert uns daher nichts, die einfachere lesart von B: þa segir skírnir sva
at . . . vorzuziehen.

AM. I. 122 no. 11 wird gesagt: Skírnir fekk hennar (sc.
Gerþar) heitit d. i. Sk. erhielt von ihr zugesagt. Hierauf er-
wartet man, dass der inhalt der zusage in einem mit 'at' ein-
geleiteten satze folge. So hat in der tat B; C dagegen hat
den satz, welcher die zusage enthält, dem vorhergehenden

---

[1]) Rask schreibt: Vindljóni, AM., ebenso Egilsson (lex. poet. s. 882)
Vindljón. Wilken nimmt in den text 'Vindljón' auf, bemerkt in den
anm.: 'So (nach AM) oder (-ljóni nach Rk) WW*, hält sich aber in der
einl. (s. 92) an C und schreibt 'Vindlóni'.

[2]) Myth.[1] s. 436.

[3]) So findet sich im cod. v̄ = um; heī = heim; vlfinv̄ = ulfinum;
fiorv̄ tvgv̄ = fjórum tugum u. dgl. m. Für 'ni' dagegen habe ich diese
abkürzung nicht finden können, wenn ich auch die möglichkeit nicht
ausgeschlossen sehen will, da auch sonst im cod. B für die endung
sich jenes abkürzungszeichen findet.

durch 'ok' coordiniert. Dies wäre ja an und für sich nicht unmöglich, allein es entspricht keineswegs der ausdrucksweise der Gylfag. Ueberhaupt würde auch das in einem satze sich viermal widerholende 'ok' nicht besonders schön klingen.

AM. I. 152 no. 6 sollen Þór, Loki und Þjálfi dem U'tgarþloki eine kunstfertigkeit vorführen, in welcher sie nach C 'flesta menn' nach B 'aðra menn' überträfen. Letzteres passt ohne zweifel viel besser in die situation und den zusammenhang.

AM. I. 164 no. 10 sagt U'tgarþloki nach C zu Þór: en hitt var ok mikit vndr vm fangit, er þv fekz við elli. Darnach wundert sich also U'tgarþloki, dass Þór überhaupt mit Elli d. i. dem alter gekämpft habe. Mit dem alter aber, wie U'tgarþloki auch selbst indirect sagt, hat jeder zu kämpfen, allein es fallen alle. Die hauptsache ist gerade das, was B noch hinzufügt: er þv stott[1]) sva lengi við ok fellt[2]) æigi meirr en a kne qðrum fæti.

AM. I. 166 no. 9 schreibt cod. C fræþ$\overset{\text{M}}{\text{M}}$; die abkürzung M ist sicher nur ein versehen des schreibers für r, wie es auch im cod. D (frocþimaþr) aufgefasst ist. Undeutlichkeit der gemeinsamen vorlage aber hat wol den schreiber von B zur änderung frædimenn veranlasst.

AM. I. 168 no. 17 sagt Þór zum riesen Y'mir: mvndo roa eina hríþ nach C (= eine weile rudern); roa enn vm hrið (= noch eine weile rudern) nach B. Nun sind Þór und der riese schon ziemlich lange gefahren, daher ist vor allem das 'enn' unbedingt notwendig.[3]) Dazu kommt noch, dass hríþ mit eina verbunden ein sonst nicht belegter ausdruck ist, während 'um hríþ' der gewöhnliche prosaische ist. Es ist daher die lesart von B vorzuziehen.

AM. 1. 174 no. 7. Nach Baldrs tode sind alle äsen besinnungslos. Darauf fährt C fort: 'en þa er æsirnir freistrþv at mæla þa var hitt þo fyr at gratinn kom vpp' etc. Cod. B dagegen: en þa æsirnir vitkvðvz, þa var þat fyrst, at gratrinn

---

[1]) Cod. stoðt.
[2]) Cod. fell.
[3]) Dies sah schon der schreiber von D ein und schrieb: enn róa eina hríþ.

kom vpp etc. Ich muss letztere lesart vorziehen und selbst
das darauf folgende vitkuþuz der gemeinsamen vorlage [1]) kann
mich nicht davon abbringen, da selbst das versuchen des
sprechens erst dann eintreten kann, wenn man wider zur ver-
nunft gekommen ist. Das zweite vitkuþuz ist dann aber correcter mit dem plusqu. widerzugeben.

AM. I. 176 no. 10 findet sich in C ein dat. pl. fœtv̄[2])
von fótr, der fuss. Ich habe keinen zweiten umgelauteten dat.
pl. von diesem worte finden können und ziehe deshalb die
lesart von B: ‘fœti sinvm’ vor.[3])

AM. I. 176 no. 11 schreibt C: Enn þessi[4]) brennv sotti
margskonar þioð. sœkja c. dat. ist im altnord. uumöglich.
Cod. B hat dafür: Ad þessi[5]) brennv etc. Dieser gebrauch
von sœkja ist, wenn auch dichterisch, doch mehrfach belegt.[6])

AM. I. 178 no. 7. Als Hermóþ zur Móþguþr kommt und
diese ihm Baldrs zug erzählt hat, sagt sie nach B: enn æigi
dynr brvcn minnr undir æinvm þér etc. Es ist gerade die
hauptsache, dass Hermóþ allein, weil er noch lebend ist, die
brücke so in bewegung setzt, als Baldr mit seinen 500 toten.
Daher gibt iafnmioc (* minnr) in C gar keinen sinn.

AM. I. 178 no. 12 sagt C: en hestrinn hliop sva hart ok
ifir grindina. Das ‘ok’ zerstört hier den zusammenhang und
wir müssen B, welches dasselbe weglässt, den vorzug geben.

AM. I. 182 no. 9 ist in den worten: ok er hann sa á eldin, wie sie C hat, der acc. eldin nicht, zu erklären. Es muss,
wie im cod. B, der dat. elldinvm stehen.

---

[1]) Vgl. Wilken, einl. s. 43 no. 70. Doch scheint W. zu wenig ins
auge gefasst zu haben, dass in B ‘at mæla’ fehlt.

[2]) Dass diese sonst nirgends vorkommende form in AM. aufgenommen ist, ist mir nicht verständlich. Ueberhaupt steht am rande vom
cod. C nicht ‘sinv’ sondern ‘sinv̄’; wohin dies wort jedoch gehört, ist
im cod. nicht angedeutet.

[3]) Jedenfalls ist der schreiber vom t in fœti auf die endung v̄ in
sinv̄ übergesprungen. Dass ‘sinum’ ursprünglich im texte fehlt, unterstützt diese annahme.

[4]) So schreibt C (þeSi), nicht þesi.

[5]) Cod. B hat hier wie öfter die form þersi (þ'si).

[6]) Vgl. Sveinbjǫrn Egilss. lex. poet. unter sœkja. Diese construction ist hier um so weniger auffällig, als in dieser ganzen erzählung
U'lfs Húsdrápa benutzt ist.

AM. I. 188 no. 19 hat C aus þann voll, wie B ganz richtig hat, þing voll gemacht, was an unserer stelle nicht zu erklären ist.

AM. I. 198 no. 12 heisst es vom saale Brímir in B: ' hann stendr a Okolni'; in C dagegen: 'á himni.' Nun zeigt aber diese stelle ganz offenbar, dass hier Volusp. 37 [1]) zu grunde gelegen hat. Hier heisst es aber:

en annarr stöð
á O'kólni
bjórsalr jotuns
en sá Brímir heitir.

Es ist also die lesart von B die ursprünglichere, zumal da es an und für sich wahrscheinlicher ist, aus O'kólni himni zu machen, als umgekehrt aus himni O'kólni. Der name O'kólni ist aber wahrscheinlich dem schreiber von C fremd gewesen und dies veranlasste ihn zu jener änderung. Dieses beispiel zeigt uns aber weiter, dass B seine vorlage ziemlich treu widerzugeben scheint. In letzterem umstande nun liegt auch, dass wir im cod. B, trotz seines durchaus jüngeren charakters, eine anzahl von formen finden, welche sicher nicht vom schreiber von B herrühren, sondern welche derselbe seiner vorlage entnommen hat, während uns hier C eine jüngere form bietet.[2]) Hierher sind vor allem einige formen auf o zu rechnen, wie AM. I. 52, 18; B: komo, C: komv,   156, 6. B: skulo þer, C: skvlvt þer, 156, 11. B: hornino, C: horninv. Ebenso ist wol in beiden namen AM. I. 82, 13: Svasoðr und I. 86, 16: Vafoðr das o in B das ältere. Ursprünglicher ist ohne zweifel auch das h (AM. I. 58, 10) in hleypr, wie B schreibt, zumal da B keineswegs sich zu den lautverbindungen hl und

---

[1]) Die citate aus den Eddaliedern sind nach Bugges ausgabe. Die citate aus Volusp. sind nach Volusp. I.

[2]) Nirgends muss man sich mehr in acht nehmen, als beim aufstellen älterer resp. jüngerer formen und hier muss man vor allem die hss. ins auge fassen. Denn abgesehen davon, dass einige scheinbar junge formen sich in den ältesten hss. finden, zeigt sich bereits vom 14. jahrh. an ein widerauftreten scheinbar alter formen. So treten die endungen e und er der ältesten hss. im 14. jahrh. wider auf, so findet sich für das aus ve entstandene u des 13. jahrh. im 11. jahrh. meist ve (wie in ondvegi, nāttverþar etc.) u. dgl. m.

hr hinneigt, sondern fast durchgehends in diesen fällen das
anlautende h weglässt.

In anderen fällen, wo B und C allein sich gegenüber-
stehen, wage ich mich nicht zu entscheiden, ob wir in B oder
C die ältere oder ursprüngliche form zu erblicken haben.[1])
Es finden sich ferner in C seltene worte und wendungen,
wo uns B einen der altnord. prosa und dem stile der Gylfaginning entsprechenderen ausdruck gibt. So z. b. AM. I. 144
no. 4 C: bvþv at firirqvaemi, B dagegen: at yfirbot.[2])

AM. I. 120 no. 18 hat C die sonst nur in der poesie belegte construction þora c. inf., B hat dafür das richtige þora
at c. inf.

AM. I. 162 no. 18 hat C das fast nur in compositis vorkommende 'hvgi'; B hat dafür die regelmässige form hvgr.

Schliesslich findet sich noch in C eine ziemlich grosse
zahl von auslassungen und schreibfehlern, wo uns B das richtige bietet. So fehlt in C: AM. I. 134 no. 9 'at hann', 168
no. 18: 'hann' als subj.; 170, 1: 'minnr'; 182, 5: 'gert'; 152
no. 5: 'er þat'; 152 no. 12: 'Loki'; 162 no. 10: 'eigi'.

Schreibfehler finden sich in C eine ungemein grosse anzahl, so AM. I. 50, 7: skopvþ für skopuþu; 54, 3: bygþ
*bygþu; 56 no. 9: vin belgi *vindbelgi; 58, 21: guya *gnyja;
70 no. 21: doms sins *dómsins; 86 no. 16: atbvrþr *at-
burþ[3]); 92 no. 17: asagisligv *ásagislingu; 114, 19: Frey

---

[1]) Eine form 'gengvr', wie AM I, s. 204 no. 17 angegeben ist, hat
cod. C nicht. Er schreibt hier wie B: gengr. Wenn Wilken (a. a. o.
s. 40) dagverþ und náttverþar als ältere — denn correcter sind sie wol
kaum — formen anzieht, so muss man ja zugeben, dass dogurþ nur aus
dagverþ entstanden sein kann, folglich letztere form die ältere ist. Ob
es jedoch die form der B und C gemeinsamen vorlage gewesen ist,
möchte ich bezweifeln. Denn diese haben wir ja ohne zweifel ins 13.
jahrh. zu setzen; in diesem sind aber formen wie dogurþ, ondugi etc.
die herschenden (so zeigen sie sich in den cod. A und C der Edda, so
auch in den cod. AM 625 und 677 etc.). Auch im cod. D, wie in den
meisten papierhss. finden sich die scheinbar älteren formen, wie sie hier
B bietet.

[2]) Vgl. AM. I, s. 212, 23: en æsir buþu henni sætt ok yfirboetr.

[3]) So schreiben B und frgmt. E. Ueberhaupt finde ich den in der
AM. und verschiedenen andern ausgaben aufgenommenen dat. 'atburði'
doch etwas bedenklich, da vom compos. atburþr der dat. auf i nirgends
belegt ist.

*Freyja; 132 no. 10: þickiþa *þickja; 140 no. 12: þar *þa; 164, 23: borginnar *borgarinnar; 168, 12: hafþa *hafþi; 172, 13: standi *standa; 174 no. 8: þeimvn *þeim mun; 178, 2: janfhofgir *jafnhofgir; 180, 6: hafþ *hafþi; 188 no. 18: socka *sockja.

In allen bisher erwähnten punkten müssen wir B vor C den vorzug geben. Somit zeigt sich uns B als gute hs. Wollen wir aber sehen, ob sie wirklich höheren wert als C hat, so müssen wir auch die stellen ins auge fassen, wo wir C vor B vorziehen müssen. AM. I. 124 no. 4 schreibt B: þat veit trv mín; C: þat veit trva mín. Dieser ausdruck kommt nun in Gylfag. ziemlich oft vor[1]), aber stets findet sich in der gemeinschaftlichen überlieferung die lesart von C. AM. I. 166 no. 13 sagt C, als Þór zum riesen Y'mir zu wandern im begriff ist: geck hann v't of miðgarþ; B: vt vm aasgarð. Þór unternimmt die fahrt zu den riesen und da ist es an und für sich das natürlichste, dass er über Miþgarþ, die burg, welche zum schutze gegen die riesen errichtet worden ist, geht. Allein es muss zugegeben werden, dass die lesart von B nicht ganz zu verwerfen ist. Die Hýmiskviþa sagt vom beginne jener fahrt (strophe 7):

> fóru —
> A'sgarþi frá.

Nach dieser stelle muss A'sgarþ als Þórs ausgangspunkt aufgefasst werden. Allein dies kann die praep. um (im cod. B) nicht ausdrücken. Ich möchte annehmen, dass in der gemeinsamen vorlage von B und C 'af A'sgarþi' gestanden habe, dass man dies 'af' für 'of' gelesen und dass der schreiber von B das ihm gebräuchlichere 'vm'[2]), der von C[3]) aber das seiner meinung nach angemessenere 'niðgarþ' eingesetzt habe.

AM. I. 160 no. 19 schreibt C: 'visaþi vtgarþa loki Þor (cod. thor) ok þeim felogvm til sætis.' Im cod. B fehlt Þór ok. Diese worte müssen jedoch stehen, da sonst das folgende

---

[1]) Vgl. AM. 1, 86, 19. 110, 3. 128, 10 etc.
[2]) 'vm' schreibt B fast durchgehends.
[3]) resp. der schreiber der vorlage von C.

þeim dunkel ist.[1]) Ebenso hat B AM. I. 160 no. 22 den
Dór bei seite gelassen, wo er ebenfalls genannt werden muss.
AM. I. 170 no. 5 schreibt B: er ormrenn kendi þat;
C: kennti þess. Letzteres aber ist die einzig richtige construc-
tion von kenna = wahrnehmen, merken.[2])

Zu den oben angeführten punkten, in welchen der cod. B
von der B und C gemeinsamen vorlage abzuweichen scheint,
kommt noch eine nicht geringe anzahl jüngerer formen und
schreibfehler, welche jener unmöglich eigen gewesen sein
können. Auf alle punkte ersterer art hier einzugehen, würde
zu weit führen. Einige derselben gedenke ich später, wo ich
die cod. AC gegenüber B betrachten werde, anzuführen. Ich
lasse deshalb hier diese punkte, zumal da sie zur schätzung der
hss. B oder C nicht viel beitragen, unberücksichtigt und gehe
zu den schreibfehlern von B über. Solche sind:

AM. I. 56, 12: þa *þau; 56, 17: hofdv *hofðu; 56, 19:
Alsvidr *Alsviðr; 70, 12: þanga *þangat; 82, 11 fehlt 'ek';
100, 16: sverd *sverð; 104, 20: af af *at af; 110, 9: fjo-
tvrenn *fjoturrenn; 122, 16: sit *sitt; 148, 10: ðvnar *dunar
(?); 11: stenðr *stendr; 154, 18: segi *segja; 156, 10: optar
*optarr; 166 no. 17 fehlt das praed. spratt; 190, 2: Lok *Loki.

Dies sind die stellen, in welchen ich in Gylfaginning C
gegenüber B den vorzug geben muss. Sehen wir nun von den
schreibfehlern, welche B und C haben und welche in beiden
cod. wol ziemlich gleich zahlreich sind, ab, so zeigt eine
vergleichung der nur in B und C überlieferten
stellen, dass wir von diesen stellen bei den meisten
in B das ursprüngliche finden.[3])

Die hs. B scheint vor allem den vorzug zu haben, dass
sie ihre vorlage möglichst treu widergibt, während der schreiber von C zuweilen seine anschauungs- und ausdrucksweise,
welche nicht immer die beste gewesen ist, in seine arbeit
bringt.

Die bisher gemachte vergleichung galt nur solchen stellen,
wo die hss. B und C gegenüber der dritten hs. A ausführ-

---

[1]) Aus welchem grunde Wilken hier die lesart von B acceptiert,
ist mir vollständig unerklärlich.

[2]) Vgl. Lund, oldnord. ordföjnings lære s. 171.

[3]) Zu ähnlichem resultat kommt Wilken (einleit. s. 36 ff.).

licher sind. Wir gelangen aber auch zu gleichem resultat, wenn wir die stellen erwägen, bei welchen wir A mit in die untersuchung ziehen können. Auf diese stellen müssen wir aber einen um so grösseren wert legen, da die hs. A gegenüber B und C eine handschriftengruppe für sich bildet.[1]

Ich komme zunächst auf die punkte zu sprechen, in welchen B mit A gegenüber C steht und wo mir BA das richtige zu geben scheinen.

AM. I. 36 no. 15 schreiben AB: Alfǫþr, C allfavðr. Die lesart von C ist die allgemein angenommene. Egilsson[2] erklärt dieses wort = alda faðir, jedenfalls gestützt auf Vafþrm. 4, 5 und 53, 2, wo O'þin Aldafavþr genannt wird. Nun lässt sich ein übergang von alda resp. allda zu all kaum rechtfertigen. Ich glaube aber wir sind nicht einmal berechtigt Allfǫþr zu schreiben. Bei einer vergleichung der hss. hat sich mir ergeben: cod. A schreibt fast ausschliesslich 'Alfǫþr', im cod. B treten beide formen ziemlich gleich auf[3]), in C findet sich bei überwiegendem Allfǫþr einigemal Alfǫþr. Fragment AM. 757 schreibt ebenfalls A*lf*. Cod. R. und cod. AM. 748 schreiben Grimn. 48, 3 A*lf*. Ebenso cod. R. Helgikv.,

---

[1]) Für diese auffassung trete ich entschieden ein. Wilken kommt zwar zu anderem resultate; er schreibt (einleit. s. 62): 'R und W aber, die sich in Gylf. scheinbar so nahe stehen, sonst aber vielfach sich sondern, dürfen nicht gemeinsam U gegenüber gestellt, sondern nur der hauptvorlage von U gemeinsam untergeordnet werden.' Mit diesen worten verwirft Wilken folgendes handschriftenverhältnis:

und stellt dafür auf:

Anders kann ich Wilkens worte unmöglich auffassen, denn im ersteren falle können wir RW (nach meiner bez. BC) als handschriftengruppe U (A) gegenüberstellen. Nun gibt aber Wilken (so z. b. s. 169) gemeinsame interpolation von W und R zu. Es müste also der schreiber von W durch dieselben worte seine vorlage erweitert haben, als der von R. Solche gedankenharmonie ist mir unverständlich.

[2]) Vgl. Lex. poet. s. 10.

[3]) Vgl. AM. I s. 36 no. 17: alfǫðr eða allfoðr.

Hundb. I. 38, 4. Dazu gesellt sich die trennung der beiden namen in den Nafnaþulur (AM. 748. SE. II. 472): alldafǫ̈r und alfǫ̈r. Im hinblicke auf diese vergleichung möchte ich stets wie hier AB: Alfǫþr lesen, und die deutung des namens AM. I. 54, 12 finden: því heitir hann alfǫþr, at hann er faþir allra guþanna.[1]

AM. I. 38 no. 7: Nachdem Hár seine rede geschlossen hat, fährt C falscherweise fort: þa mælir[2]) har. AB haben das richtige: þá mælti (svarar A) Jafnhár. AM. I. 40 no. 8 schreiben AB richtig: Fimbulþul[3]), gegenüber C: Fimbvl. Þvl. Ebenso ist AM. I. 40 no. 7 der flussname Fjorm in AB gegenüber form in C der richtige.[4])

AM. I. 42 no. 11 ist ohne zweifel das auch anderenorts belegte[5]) norþrættar in AB dem norðrsættar in C vorzuziehen.

AM. I. 44 no. 13 fragt Gangleri nach C den Hár: trvir þv etc., worauf dieser antwortet: iatvm vær; nach AB dagegen fragt Gangleri: 'trúi þér' und Hár antwortet: 'trúum vér etc.' Abgesehen davon, dass trúum dem játum vorzuziehen ist, hat wol auch Gangleri bei seiner frage Jafnhár und Þriþi mit inbegriffen wissen wollen, wofür auch der plur. in Hárs antwort zeugt.

AM. I. 46, 1. Schon die fast wörtliche widergabe von Vafþrm. 3, 3 nötigt uns hier mit AB: 'undir vinstri hendi' zu lesen. Ich weiss nicht, was den schreiber von C berechtigt, undir c. acc. hǫnd zu verbinden.[6])

---

[1]) Vgl. almanna d. i. allra manna. Möbius, Altn. gl. s. 12.

[2]) So (mt) hat cod. C.

[3]) So schreibt B. fimbvl bildet im cod. den schluss einer zeile; nach diesem worte steht ein abteilungsstrich (/), welcher andeutet, dass þul noch zu fimbvl gehört. AM. I, s. 130 no. 1 dagegen schreibt B fimbvl. þul.

[4]) Vgl. Bugge zu Grím. 27, 4. Dies Fjorm = Fjǫrm.

[5]) Vgl. Vigfússon, Icel. Engl. Dict. s. 457.

[6]) Dass selbst die jüngste ausgabe der Edda noch diese construction hat, kann uns nicht wunder nehmen: in der AM.-ausgabe ist ja die lesart von B nicht angegeben. Dass aber auch hier, wie so oft, unter den varianten die lesart von A, welche selbst allein stehend im vergleich mit Vafþrm. und den regeln der altnord. syntax (vgl. Lund a. a. o. § 78) den meisten anspruch auf ursprünglichkeit hat, nicht angegeben ist, darüber können wir mit fug und recht unsere misbilligung aussprechen.

AM. I. 50 no. 3 schreibt C: gafv staþar. B: gafu stað,
A: gafo staþi. Nun ist gefa c. gen. staþar nur noch einmal
und zwar in der Edda (I. 42, 6 BC) belegt — ich komme
auf diese stelle später zu sprechen —, die construction findet
sich sonst nirgends.[1]) An jener stelle hat aber diese verbindung andere bedeutung. Wir werden daher besser tun, hier
die construction von A oder B anzunehmen.

AM. I. 54 no. 15 nennt C den sohn Naglfaris und der
Nacht vőr; AB dagegen nennen ihn Auþr. Letzteres ist
im hinblick auf AM. I. 320, 16, wo alle hss. Auþr lesen, und
I. 322, 17, wo das au durch aþalhending gebunden ist[2]), der
allein richtige name. AM. I. 66 no. 23 schreibt C: ok erv
komnir þaþan lovarr, AB dagegen: ok er þaþan kominn Lovarr. Ich habe keine der construction von C ähnliche in der
nord. prosa finden können und muss deshalb die einfachere
von AB vorziehen.

AM. I. 70 no. 19 ist der name des einen äsenrosses im
hinblick auf AM. I. 480, 10, wo alle cod. Léttfeti haben, nur
so mit AB, und nicht letrfet mit C zu schreiben.

AM. I. 76 no. 6 wird von den nornen nach C gesagt:
byggia vrþarbrvnn. Die hss. AB haben in ihrem byggja viþ
Urþarbrunn ohne zweifel das richtige.

AM. I. 90 no. 27 ist die wendung in C: (Balldr er) fegrztr
taliðr unhaltbar. AB haben dafür das jedenfalls richtige:
fegrst talaþr.

AM. I. 92 no. 14 haben AB die worte: 'eigi er Njorþr
ása ætt'; in C fehlen sie, allein sie müssen schon deshalb ursprünglich sein, weil A gegenüber BC eine handschriftengruppe
für sich bildet, in den fällen aber, wo diese hs. mit B resp. C
ein plus aufzuweisen hat, haben wir zweifelsohne in diesem
ursprüngliches.

AM. I. 96 no. 12 hat cod. C drei präpositionen hinter

---

[1]) Vgl. Lund a. a. o. s. 62. Auch die Eddalieder kennen die construction nicht, vgl. Nygaard, Eddasprogets Syntax I, s. 32. Diese lesart
von C verwirft auch Bugge, N. F. s. 393. Dort ist auch die richtige
lesart von B angeführt.

[2]) 'Auþs systur mjok traupan'. Dies ist die vierte zeile einer
halbstrophe Hallfreþs, bei welchem aþalhending in der 2. und 4. zeile
regel ist.

einander; er sagt von der Freyja: 'hon er ... til a at heita.'
Die hss. AB haben in ihrem 'til á heita' das richtige.
AM. I. 96 no. 13 sagen AB von der Freyja: 'af hennar
nafni er þat tignar nafn, er ríkis konur kalla þar eru frúr.'
C: af hennar nafni er þat nafn er ríkis konvr erv kallaðr
frovor.' Dass hier zunächst kallaðr als schreibfehler von C zu
verwerfen ist, unterliegt keinem zweifel. Was die lesart 'tignar
nafn' (nafn in C) betrifft, so wäre ja die von C nicht unmöglich,
allein die von AB passt besser in den zusammenhang. Für
die richtigkeit letzterer lesart spricht auch die Ynglingasaga,
welche von der Freyja sagt [1]): 'með hennar nafni skyldi kallar
allar konur tignar svá sem nú heita frúvor.' Die form frovor
dagegen, welche C hier gibt, hat auch der cod. Frisianus (AM.
45 fol.), der hauptcod. der uns erhaltenen hss. der Heimskringla, an der erwähnten stelle und dürfte deshalb die ursprünglichere form sein.[2])

AM. I. 98 no. 16 schreiben AB: þá trúþi hann þeim eigi
at þeir mundi (— du B) leysa hann fyr, en þeir lǫgþu (legði
B) honum at veþi hǫnd Týs í munn [3]) hans. Für die letzten
worte schreibt C: hond tyrs i mvnn vlfsins. Da der hier aus-
geführte gedanke der gedanke des subj. des hauptsatzes ist,
so ist das subst. úlfsins vor allem nicht zulässig. Allein auch
im gen. Týs muss ich AB den vorzug geben. Nach C wäre
als nom. Týrr anzusetzen. Hinweis auf diesen findet sich
aber, ausser an dieser stelle in C und in týrspakr in A und
B (AM. I. 98 no. 8), in Gylfag. wie in allen pros. erzählungen
der Edda nirgends.

AM. I. 102, 1 schreiben AB: 'Heimdallar' C, wie öfter
'Heimdalar'. Wir sind nicht berechtigt, diesen namen mit ein-
fachem l zu schreiben. Dies verbietet einerseits die etymologie

---

[1]) Vgl. Heimskringla hrsg. von Unger s. 11, 26.
[2]) Ich stelle diese behauptung hin, weil ich in manchen punkten
einen inneren zusammenhang zwischen Gylfag. und Yngs., welcher sich
am leichtesten durch die annahme eines und desselben verfassers beider
schriften erklären lässt, nicht wegleugnen kann.
[3]) So hat cod. B und wir brauchen unsere zuflucht nicht zu got.
und lat. constructionen zu nehmen. Auch hat cod. B legði und nicht
lǫgðu (Wilken, einl. s. 43. 1), wenn auch der conjunctiv hier nicht am
platze ist und in den text aufgenommen werden darf.

des wortes[1]), andererseits der gebrauch der hss. Cod. A und
cod. AM. 757 schreiben stets ll, cod. B ausser AM. 1. 268, 12
durchgehends ll. Ebenso findet sich in allen hss. der Eddalieder (cod. R. H. A.) regelmässig ll, nur Vlsp. 28, 1 schreibt
cod. R. Heimdalar. Desgleichen reimt U'lf Uggason (AM. 1.
240) Heimdallr — fallinn.

AM. I. 100 no. 10 schreibt C von Heimdall: 'sitr þar
viþ himins enda ok gæta', AB dagegen: at gæta. Ich habe
bereits früher[2]) darauf hingewiesen, dass C das streben zeigt,
ein verbum dem andern zu coordinieren, wo es doch eigentlich subordiniert sein müste. Eines der überzeugendsten beispiele ist dieses, denn der schreiber von C hat zwar 'at' in
'ok' verwandelt, nicht aber dabei zugleich den infin. in den
indic. Ein ähnliches beispiel findet sich AM. I. 110 no. 1, wo
C für das richtige 'at eigi er logit at þér', wie AB haben,
'ok eigi etc.' schreibt. Dieses allzu oft widerkehrende coordinieren der sätze durch ok zeigt uns aber, dass der schreiber
von C auf keinem besonders hohen standpunkt in bezug auf
stilistik gestanden hat.

AM. I. 102 no. 13 heisst nach C der sohn der Sif: vlli,
nach AB und allen andern überlieferungen: Ullr.[3])

AM. I. 104, 4 ist die form taldr in C möglicherweise nur
ein schreibfehler gegenüber den richtigen formen von A (talþr)
und B (talðr).[4])

AM. I. 108 no. 19 besteht die fessel Gleifnir nach cod. C

---

[1]) Die ableitung vom adj. dallr (vgl. Bugge zu Vafþr. 25, 1) ist wol
die einzig richtige.

[2]) s. 483.

[3]) Vgl. Lex. poet. s. 831. C scheint überhaupt vorliebe für schwache
substantivformen an den tag zu legen, vgl. hugi *hugr AM. I, s. 162
no. 18.

[4]) Dass wir bei schwachen verben, deren stamm auf l oder n aus-
geht und kurz ist, þ resp. ð mit den hss. zu schreiben haben, betont
schon Wimmer in seiner schwedischen ausgabe der altn. grammat. (§ 22
u. 134 ff.). Diese regel hätte bei einem normalisierten texte unter allen
umständen berücksichtigt werden müssen. Bei dieser gelegenheit
möchte ich darauf hinweisen, dass wir bei einem normalisierten texte
wol am klügsten tun, das angelsächs. ð ganz fallen zu lassen und durchgehends für diesen consonanten späterer hss. þ der älteren einzuführen
(vgl. Hoffory, Nord. tidskr. for filol. Ny række III, s. 293 anm. 1).

aus fünf teilen, sechs jedoch werden angeführt. AB haben in ihrem: 'var görr af VI hlutum' das richtige.

AM. I. 112 no. 4. Als sich der Fenriswolf mit der 3. fessel binden lassen soll, geben ihm die götter das versprechen, dass sie ihn nach C: hræþa, nach AB: leysa wollen, wenn er die fessel nicht zerreissen könne. Letzteres gibt allein sinn und das kurz vorhergehende hræþa war wol die ursache des abirrens.[1])

AM. I. 114, 12 nennen AB die fünfte der åsinnen richtig 'Fulla', C nennt sie 'fva'.

AM. I. 114 no. 17 sagt C von der Freyja: 'tar hennar er gullravtt'. Der plural in AB 'tår eru' ist besser und richtiger.[2])

AM. I. 118, no. 2 nennt C das ross der Gnå: 'hofvarfnir', no. 4: hofhvarfnir. AB dagegen nennen es Hófvarpnir (= 'das mit den hufen werfende'). Liesse sich über f in C auch streiten, so ist doch das h vollständig unerklärt. Dass AB hier aber die richtige lesart haben, wird durch die nur in den cod. AM. 748 und 757 erhaltenen hestaheiti gestützt.[3]) Ein 'hófhvarfnir' findet sich dort nicht.

AM. I. 126 no. 13 und 19 hat C eine sonst nicht belegte form 'flivgia', während AB das regelmässige 'fliuga' haben.

AM. I. 128 no. 3 habe ich für die unumgelautete form spvrþv keine parallelstelle finden können.

AM. I. 132 no. 1 schreibt C: 'fellr hverr a annan'; AB dagegen haben: 'fellir hverr annan.' Liesse sich die form fellr allenfalls als jüngere form erklären, so ist die construction von fella in C entschieden unrichtig.

AM. I. 144 no. 10 haben AB den richtigen gen. sg. neutr. myrkrs, wo C fälschlicherweise myrks schreibt.

AM, I. 152 no. 1 haben AB die in der prosa regelmässige

---

[1]) Von jüngerer hand ist im cod. C leysa darüber geschrieben. Es sei hier bemerkt, dass auch der cod. B, und das fragment AM. 756 lesen: ok sk. v. mega þa læysa þik. 'mega' ist zwar in B durchstrichen, allein von ganz junger hand, vom schreiber der lat. überschriften, welche diesem cod. von einem gelehrten des 17. jahrh. eingefügt sind.

[2]) Vgl. Skúli Þorsteinsson (Sn. E. I. 346, 14): Margr tár Freyju.

[3]) Vgl. Sn. E. AM. II, 487 (hófvarpnir) und 571 (hófvarpnir). Vgl. auch got. vairpan, ags. veorpan.

verbindung: … glótti viþ tǫnn, während C das ungebräuchliche: … glotti vm tavun hat.

AM. I. 154 no. 5 schreibt C: Vel þickia mer þit renna skeiþit. Dies geht auf Hugi und Þjálfi; gleich darauf folgt nun: 'en eigi trvi ec honvm nv at hann vinni leikinn.' Letzteres geht nur auf Þjálfi. Da nun der zweite satz weiter nichts ist als eine ergänzung des ersten, so darf sich das vorhergehende auch nur auf Þjálfi beziehen. Daher haben AB in ihrem 'þykki mér Þjálfi renna' das richtige.

AM. I. 168 no. 19. Als Þór auf dem meere angelte und die Miþgarþzschlange anbiss, fuhr die angel til grunnz, wie AB haben, und nicht, wie C schreibt: til brvnnz.

AM. I. 172 no. 16. Der mistelzweig (in C fälschlicherweise mistilsteinn genannt), welcher Baldr den tod brachte, wuchs nach AB 'fyr vestan Valhǫll', nach C aber: firir avstan. Ich halte ersteres für das ursprüngliche und richtige: Baldr ist der gott des lichtes, es ist wahrscheinlicher, dass sein unglück von westen her kommt, wo die sonne untergeht, als von osten.

AM. I. 182 no. 1. Hier wohnt Loki nach Baldrs tode nach AB: á fjalli; nach C: i fialli. Darauf fährt die gemeinsame überlieferung fort (BC): þar gerþi hann hús ok fjórar dyrr, at hann mátti sjá ór húsinu í allar ættir. Diese letzten worte wären uns, wenn wir mit C: i fialli lesen würden, vollständig unverständlich.

AM. I. 200 no. 2 sagt C von den türen des saales, in welchem die bösen wohnen sollen: 'horfa i norðr' d. h. sie weichen nach norden zurück. horfa gibt hier keinen sinn, AB haben in ihrem 'horfa = gerichtet sein' unstreitig das richtige. Ferner bedeutet 'norþr' an und für sich schon 'nach norden hin', die präp. i ist daher ganz überflüssig. Und so lese ich mit AB: horfa norþr.

Zu den bisher erwähnten stellen kommt noch eine menge von schreibfehlern, welche AB gegenüber C nicht haben. So fehlt in C AM. I. 46 no. 6: dag; 76 no. 7 und 140 no. 11: eigi; 110 no. 2: hafa; 112 no. 9: yþar; 114 no. 22: ok; 90 no. 15: ek; 140 no. 3: upp. Ferner schreibt C: AM I. 98 no. 14: fyrr er *fyrr en; 98 no. 17: vlfriþr *úlfliþr; 126 no.

12: sendi *sendir; 190 no. 2: þa *þar; 190 no. 18: gvgnir *Gûngnir.

Ausser den eben angeführten stellen, wo wir AB gegenüber C vorziehen müssen, findet sich noch eine ganz bedeutende anzahl, wo ich mich weder für diese noch für jene lesart zu entscheiden wage. Allein auch bei diesen stellen müssen wir in AB das ursprüngliche suchen, da beide hss. ganz verschiedenen gruppen angehören. Trotzdem muss ich in einem falle die lesart von C gegenüber AB in schutz nehmen: AM I. 124 no. 2 schreibt C: Belja. AB: Bela als acc. von Beli. Ueberall aber, wo wir den namen Beli treffen, tritt uns derselbe als ja-stamm entgegen.[1]) Ich kann diesen fehler in AB nur als fehler der gemeinsamen vorlage aller hss. erklären, welcher in C verbessert worden ist. Da es nun aber höchst unwahrscheinlich ist, dass der schreiber des uns erhaltenen cod. C seine vorlage verbessert habe, so möchte ich annehmen, dass zwischen unserem cod. C und der C und B gemeinsamen vorlage eine hs. existiert habe, deren schreiber jene veränderung vornahm. Ich bezeichne diese hs. mit z: derselben steht das fragment AM. 1 eβ wol sehr nahe.[2])

Um zu einem sicheren resultate zu gelangen, wie sich B und C zu einander verhalten, müssen wir zum schlusse noch die stellen ins auge fassen, wo C mit A gegen B geht.

Das richtige gibt uns die gemeinsame lesart von AC in folgenden stellen: AM. I. 88 no. 21 hat B die pluralform hvndrað.[3]) AC haben dafür die umgelautete form 'hundruþ', welche der classischen periode eigen ist.

AM. I. 102 no. 5 schreibt B: at þenna aas þurfti æigi at

---

[1]) Vgl. AM. I, 196, 5. 262, 19 und 23. 482, 10. Vǫlsp. 53, 5.

[2]) Ich will hier auf einen wichtigen punkt aufmerksam machen: die genealogie der Sturlungen, welche sich im cod. A findet, steht ebenfalls auf der letzten seite des fragments AM. I. eβ. Die verwantschaft beider überlieferungen ist so gross, dass wir die gemeinsame quelle nicht wegleugnen können. Diese genealogie findet sich abgedruckt im diplomat. Island. 1. s. 490 ff.

[3]) In dieser, wie in der form þurfti können wir möglicherweise norwegische eigentümlichkeiten haben, da überhaupt B solche ziemlich oft zeigt. Ich will nur hinweisen auf formen wie þersi, dagh, ræþa, (*hræþa), æ' (= eigi) u. dgl. m.

nefna. Die herausgeber der AM.-ausgabe fassen die form
þurfti als unpersönliche auf; ich glaube dies verbietet die stellung der negation. Persönlich aufgefasst ist jedoch die umgelautete form þyrfti in AC vorzuziehen.

AM. I. no. 130 no. 1 hat B das in allen überlieferungen
als ein wort aufgefasste Fimbulþul getrennt geschrieben.

AM. I. 144 no. 11 hat B eine form 'skvkkvm', AC haben
dafür die richtige 'skykkjum' von skykkr = der stoss.

AM. I. no. 152 no. 9: die relative verbindung der cod. AC
'er skjótara skal eta' ist der verbindung durch at, welche B
gibt, vorzuziehen.

AM. I. 174 no. 11 schreibt B in indirecter rede: astir
mínar, wo AC das richtige ástir hennar haben.

Zu den eben angeführten beispielen kommt noch eine
reihe von schreibfehlern, welche B hat. So fehlt AM. I. 52
no. 6: þeir; 64 no. 1: af; 66 no. 11: eru; 78 no. 9: er þar.
Ferner schreibt B: AM. I. 52 no. 8: fyrst *fyrsti; 62 no. 19:
hvaða *hvaðan; 100 no. 14: blast *blastr; 138 no. 9: nagl-
far *naglfari; 144 no. 2: a *at; 158 no. 12: aust rvm
*austr rum.

In einem falle ist aber der hs. B vor AC der vorzug
zu geben: AM. I. 92 no. 1 sagen AC vom urteile Baldrs:
engi má halldask dómr hans. Dieses hálldask erklärt
Möbius[1] = in erfüllung gehen. Mit dieser erklärung ist mir
die stelle dunkel. Ich kann dieselbe nur lösen, wenn ich, wie
bereits Pfeiffer[2] vorgeschlagen, die lesart von B: hallast =
inclinari, acceptiere.[3]

---

[1] Altn. glossar s. 159.
[2] a. a. o. anm. zu s. 14, 18.
[3] Für die lesart von B tritt auch Wilken (einl. s. 44 anm. 76) ein.
Die form halldaz des cod. C aber mit hallast zu identificieren und die
schreibart kallds sonar (überhaupt hat cod. C kalldsonar) als parallel-
schreibweise hinzustellen, ist vollständig verfehlt. Kalldsonar steht für
kallds sonar = kallts sonar. Kallts ist gen. von kall = karl. Nach
ll ist aber die genitivendung nicht s, sondern ts (= z). Es ist also bei
kalldsonar das d vollständig lautlich berechtigt, nicht aber bei halldast.
Den hinweis auf die entwicklung eines t nach ll und nn vor s verdanke
ich meinem freund Hoffory. In seiner hoffentlich bald erscheinenden
abhandlung über den z-laut im altnord. wird er beweisen, was ich hier
nur angedeutet habe.

So weit die untersuchung der hss. B und C. Bevor ich jedoch das resultat derselben zusammenfasse, will ich noch auf einige punkte aufmerksam machen, welche B den stempel seines nicht allzu hohen alters aufdrücken:

Für á findet sich sehr häufig, fast immer, in der hs. aa oder áá gestrichen, z. b.: aatta, aasa, áátti, gaatt*ir* und öfter.

é wird oft durch ie widergegeben, so: sieð, sier etc.

Vor o zeigt sich bereits das anlautende v: vox, vorðit etc.

ð ist im in- und auslaut consequent durchgeführt; doch macht sich bereits ein hinüberschwanken zu d erkennbar; denn oft findet sich für ð: d und umgekehrt, z. b. fedr*um*, sverd, lagdi; helði, munði etc. Sehen wir von diesen jüngeren formen, welche ja ohne einfluss für die textkritik sind, ab, so zeigt sich uns B im hinblick auf die consequente schreibweise als ganz vortreffliche hs. In bezug auf den inhalt gibt uns die hs. aber in den meisten fällen gegenüber C das richtige, sowol wenn sie allein steht, als auch wenn wir A mit zur vergleichung heranziehen können.

Somit haben wir in B eine zwar jüngere, jedoch bedeutend bessere hs. als in C. Dieselbe scheint direct auf das B und C gemeinsame original zurückzugehen, an welches sich der schreiber ziemlich treu hält. Anders ist es mit C. Dieser cod. zeigt oft flüchtigkeiten; stil, ausdrucksweise und auffassung sind nicht selten anders als in der vorlage.

Einer ausgabe der ausführlichen redaction der Gylfaginning ist daher ohne zweifel der cod. B zu grunde zu legen.

2) Das verhältnis der hs. A zu den hss. B und C.

Der zweite teil der betrachtung der hss. B und C hat uns gezeigt, dass die dritte hs., welche Gylfaginning enthält, in bedeutend mehr punkten mit B, der besseren hs. der ausführlichen redaction, als mit C geht. Diese hs. hat man bisher fast gar nicht bei der textkritik der Edda herangezogen. Seit Rask [1]) den stab über A gebrochen hat, ist man im norden seiner ansicht über diese hs. allgemein gefolgt. Da trat

---

1) Rask, Sn. E. vorw. s. 9.

Müllenhoff in seiner abhandlung: Wâra und Wara[1] für die hs. A ein und fand in dieser redaction einzig und allein die ursprüngliche Gylfaginning. Seine ansicht wurde von S. Bugge[2] in seiner abhandlung über Bjorn Kolbeinsson und die Snorra Edda angegriffen. Die gründe, weshalb ich Bugges entgegnung nicht beitreten kann, werde ich später dartun. Denselben artikel Müllenhoffs hat vor kurzem auch Wilken zu widerlegen gesucht.[3] Allein die gründe, welche er gegen Müllenhoffs hypothese vorbringt, sind nicht anderer art als diejenigen, welche Müllenhoff für seine ansicht bringt: Wie Müllenhoff von der ansicht ausgehend, dass wir in A die ursprüngliche Gylfaginning haben, Vár und Vǫr in BC identificiert, so will Wilken, basierend auf der Raskschen anschauung, dass cod. A gekürzt und verschlechtert haben muss, in BC das ursprüngliche sehen.

Die frage nun, haben wir in A eine gekürzte, oder in BC überarbeitete hss., wird den ersten teil dieses abschnittes ausmachen.

Wir haben bereits im vorigen abschnitte gesehen, dass die hs. A dem cod. B bei weitem näher steht, als dem cod. C. Fassen wir dazu noch ins auge, dass A älter als B und C ist[4], dass sie aller wahrscheinlichkeit nach im besitze eines Sturlungen gewesen ist und dass sie nicht auf das B und C gemeinsame original zurückführt, so müssen wir, selbst wenn wir in ihr eine gekürzte fassung finden, doch ganz besonderes gewicht auf sie legen und jede stelle auf ihre ursprünglichkeit hin prüfen.

Das verhältnis von A gegenüber B und C — diese beiden hss. werde ich von jetzt an, insofern sie A gegenüber eine gruppe für sich bilden, mit x bezeichnen — ist im ganzen ein dreifaches:

1) In x finden sich wörter, ja ganze sätze, welche in A nicht stehen. Hierher gehören AM. 1. cap. 2—12. 38—41.

[1] Zs. f. d. alt. neue folge IV. s. 148.

[2] Aarböger for nord. oldkynd. 1875 s. 216.

[3] Untersuchungen s. 25.

[4] Die punkte, welche mich veranlasst haben diese bisher ohne beweisgründe hingestellte ansicht zu acceptieren, werde ich später an anderem orte darlegen.

2) A gibt mit weniger und nicht selten anderen worten dasselbe wie x wider (cap. 42—54).

3) Die hs. A verhält sich zu BC wie eine dieser hss. zur anderen.

Die unter 1) angedeuteten sätze, welche sich nicht in A finden, sind, wie ich später zeigen werde, meist allgemeine phrasen, namentlich fragen, welche Gangleri einwirft, überhaupt sätze, welche den sinn nicht beeinträchtigen.

Der 2. punkt betrifft namentlich die letzten capitel von Gylfag. Diese enthalten aber zusammenhängende erzählungen, hauptsächlich taten der götter. Hier verlassen wir nun A mit derselben befriedigung wie x.

Punkt 3 schliesslich umfasst die mittleren capitel. Diese enthalten aufzählungen und erklärungen. Hier ist natürlich jedes wort von bedeutung, das weglassen auch nur eines kann falsche vorstellungen hervorrufen. Deshalb ist gerade hier der schreiber gezwungen, sich möglichst treu an seine vorlage zu halten.

Schon diese erwägung hat mich zur überzeugung gebracht, dass, wenn der schreiber von A seine vorlage wirklich gekürzt widergab, es nicht zugleich seine absicht gewesen sein kann, wichtige momente, welche in seiner vorlage gestanden, uns vorzuenthalten. Andererseits müsten wir aber auch aus den verschiedenen arten der widergabe folgern, dass der schreiber von A bei seiner arbeit ein gewisses princip verfolgt habe, nämlich das princip, nichts bedeutende sätze wegzulassen und ausführlichere erzählungen kürzer widerzugeben. Es wirft sich uns demnach die frage auf: lässt sich dieses princip nachweisen oder haben wir andererseits anhaltspunkte, dass wir in den plussätzen von x späteren zuwachs haben?

Einen zwingenden grund für die erstere annahme, welches ja die allgemeine ist, habe ich nicht finden können. Edzardi[1]) nimmt an — sei es mir erlaubt hier über Gylfag. hinauszugehen, da ja das handschriftenverhältnis, welches von dem einen teile der Edda gilt, aller wahrscheinlichkeit nach auch von dem ganzen werke gilt —, dass A (AM. II. 320[31]) sich auf eine frühere stelle beziehe, welche in der tat nicht

---

1) Germ. XXI. s. 444.

dastehe. Er bezieht es auf AM. I. 336 [5]: Gull skal kenna muuntal ok rodd ok orþ jotna. Allein ich habe die bemerkung gemacht, dass sich bei den kenningar die worte: 'svá sem fyr er sagt' in der regel auf die erzählung beziehen, nach welcher die kenning entstanden ist. Daher beziehe ich auch die worte von A auf die erzählung von den erben Þjazis in den sogenannten Bragarœþur. Hier heisst es in A (AM. II. 294 [32]): er ny gvllit kallat mvntal iotna, en i skalldskap mal þeira. Somit fällt die einzige stelle, aus welcher eine kürzung des textes in A aus der handschrift selbst ohne widerrede gefolgert werden müste.

Nun gibt es in A allerdings stellen, welche für die wahrscheinlichkeit, dass wir in dieser hs. eine gekürzte fassung haben. sprechen. Solche stellen habe ich in Gylfag. gefunden: AM. II. 237 wird erzählt, dass die götter den sternen ihren stand und lauf gaben. Darauf wird der teil einer strophe aus Vlsp. (5, 5 ff.) angeführt, in welcher steht, dass weder sonne, noch mond, noch sterne ihre stätte wusten. Daran fügt x die worte (AM. I. 50): svá var áþr en þetta væri (of iorþ C). Diese worte fehlen in A, allein ohne dieselben hängt die vorhergehende strophe aus Vlsp. vollständig in der luft.

AM. I. 54 no. 10 sagt x von der Jorþ: var dóttir hans (O'þins) ok kona hans.[1]) ok kona hans fehlt in A. Diese fährt (AM. II. 258) darauf fort: ok var þeira son asa þorr. Die letzten worte aber verlangen jene in x vorausgeschickten worte.

AM. I. 56 no. 7 wird von der bestrafung von Sól und Máni berichtet: wegen ihres übermutes setzen sie die götter an den himmel. Darauf fährt x fort: 'létu Sól keyra þá hesta, er drógu kerru sólarinnar þeirar er guþin hofþu skapat til at lýsa heimana af siu er flaug ór Múspellzheimi.' A (AM. II. 258) dagegen schreibt: 'ok draga þav keko solar þeirar er guþin hafa skapaþ af þeiri siv etc.' So zögen also nach A Sól und Máni den sonnenwagen selbst. Allein Máni kann unmöglich etwas mit dem sonnenwagen zu tun haben. Ich muss allerdings schon hier darauf aufmerksam machen, dass diese stelle, wie die folgende, zu den capiteln gehört, welche

---

[1]) Vgl. Skldskm. AM. I. 320: jorþ = bruþi O'þins.

nach Rasks vorgange wol jetzt allgemein als späterer zusatz
angesehen werden: in diesen capiteln ist A fast durchgehends
kurz, zum teil unverständlich.

AM. I. 56 no. 14, II. 259 wird uns von den kindern erzählt,
welche dem monde folgen und von diesem beim gange nach
dem brunnen Byrgir (byggver nach A) geholt worden sind.
Hier sagt nun x: 'ok báru á ǫxlum sér sá, er heitir Sœgr, en
stǫngin Simul.' A dagegen nur: 'Sárinn het sægr en simvl
stongin.' Wir wissen nach A eigentlich nicht, was wir mit
sægr und simvl anfangen sollen; für eine erzählung sind die
worte zu fragmentarisch. Auffallend ist jedoch der umstand,
dass diese worte von A fast wörtlich mit den zwei fragmenten
AM. 748 und 757 übereinstimmen.[1])

AM. I. 124 no. 10 sagt x: flesk galtar þess, er Sæhrímnir
heitir', A (AM. II. 276) dagegen: flesk þat er sæhrimnir heitir.
Darnach hiesse im letzteren falle das fleisch Sæhrímnir, nach
x aber der eber. Dass letzteres aber das richtige ist, dafür
spricht, dass Sæhrimnir in allen überlieferungen als eber gedacht wird, dass selbst A gleich darauf fortfährt: hann er
soþiN.[2])

AM. I. 132 no. 6 sagt x: En satt er þat er þú sagþir,
mikill er O'þinn fyrir sér, mǫrg dœmi finnask til þess. Svá
er hér sagt í orþum sjálfra ásanna. Diese worte fehlen in A
(AM. II. 278). An ihrer stelle findet sich die erzählung von
den winden, welche in x früher steht. Auf jene worte folgt
nun in x Grím. 44; diese strophe steht aber auch in A nach
der erzählung von den winden. Sie ist angeführt wegen der
in ihr vorkommenden worte: 'O'þinn er æztr ása.' Diese
worte gehen auf jene in x vorangehenden worte zurück, in A
aber, wo jene worte fehlen, ist die strophe vollständig unmo-
tiviert. Die ursache des wegfalls der worte in A lässt sich
aber, wie ich später zeigen werde, sehr leicht erklären.

AM. I. 176 [19] heisst es in x: En þessa brennu, sótti margskonar þjóþ; fyrst er at segja frá O'þni, at meþ honum fór
Frigg ok valkyrjur ok hrafnar hans. Dieser zug fehlt in A.

---

[1]) Vgl. AM. II. 431 und 514.
[2]) Der schreiber von A hat wol nur þ', wie die hs. hat, anstatt þ⁻
(= þess) geschrieben.

Ich halte jedoch denselben im hinblicke auf die quelle, welche für diese erzählung die húsdrápa U'lfs ist, für ursprünglich. Der schreiber ist wol von dem f in fyrst auf das in freyr übergesprungen. AM. I. 202¹ sagt x: vaxa þá akrar ósánir; A (AM. II. 292): ok ósánir akrar. Nun liesse sich zwar in A ein 'erv' ergänzen, allein nicht das ist der vorzug der neuen erde, dass die äcker unbesät sind, sondern dass ohne arbeit der götter und menschen früchte darauf wachsen. Zu diesem umstande kommt noch, dass an unserer stelle Vlsp. 62 benutzt ist. Hier steht aber:

> Munn ósánir
> akrar vaxa.

Es ist daher vaxa der red. x ohne zweifel ursprünglich.

Dies sind die stellen, wo die kürzere fassung in A durch ihre kürze den sinn beeinträchtigt. Dürfen wir aus diesen stellen schliessen, dass A seine vorlage principiell gekürzt widergegeben hat? Unbedingt nicht. Solche fehler, wo durch das· weglassen von wörtern und satzteilen der sinn gestört ist, haben wir schon bei B und C gefunden, wir werden später noch sehen, dass auch in x gegenüber A stellen fehlen, welche uns über diesen oder jenen punkt erst klares licht geben.

Ein anderer punkt, weshalb man in A eine gekürzte redaction hat finden wollen, ist die gedrängtere ausdrucksweise, welche A von x unterscheidet. Ich habe diese unterschiede beider handschriftengruppen in dieser beziehung zusammengestellt und gefunden:

1) Für das erweiterte relativpronomen sá er etc. hat A oft das einfache er. So:

x (AM. I. 42¹²): gneistum ok siun þeim, er flugu.
A (AM. II. 256): sivm ok gneistvm er flvgo.
x (AM. I. 46¹²): sá er nefudr Buri.
A (AM. II. 256): er bvri het.
x (AM. I. 52²⁴): þeim er.
A (AM. II. 255): er.

Gleiche beispiele finden sich: AM. 72¹¹; 76¹¹; 126⁶; 148²²; 172²⁵; 188⁷; 192⁶.

2) Das den nachsatz einleitende þá steht in sehr vielen fällen in A nicht, wo es x hat. So AM. I. 96⁸; 142¹⁰; 142¹⁹; 144¹; 144⁶; 148⁹; 150¹⁷; 198¹⁶. ²¹; 200²⁴; 202⁴ etc.

3) Relativsätze in x sind in A zum hauptsatz gezogen. Der inhalt des relativsatzes steht in diesem falle als apposition bei dem subst., auf welches sich das relativum bezieht. So schreibt x (AM. I. 120 ¹¹): Gerþr er allra kvenna er fegrst.

A (AM. II. 275): gerþr allra qvenna vænst. Hierher gehören vor allem die relativsätze, in welchen sich ein verb des 'genannt werdens' findet. A hat meist in diesen fällen nur den namen. So:

x (AM. I. 40 ¹⁴): Sá er Surtr nefndr er.
A (AM. II. 255): Svrtr.

x (AM. I. 46 ⁷): af kýr sú er Auþumbla hét. A (AM. II. 256): af kyrin avþvmla.

x (AM. I. 46 ¹⁵): fekk konu er Bestla er nefnd. A (AM. II. 256): atti beyzlo.

x (AM. I. 50 ¹): settu þeir dverg; þeir heita svá: Austri etc.
U (AM. II. 257): setto þeir dverg. avstra etc.

x (AM. I. 54 ²): í heimi er kallat er A'sgarþr.
A (AM. II. 258): i heimi asgarþ.

x (AM. I. 54 ⁸): ok af þeira ætt er sú kynslóþ komin, er vér kǫllum ása ættir.

A (AM. II. 258): af þeiri ætt er asa ætt.

x (AM. I. 56 ⁴): Ríþr Nótt fyrri þeim hesti er kallaþr er Hrímfaxi.
A (AM. II. 258): Nott riþr brimfaxa.

x (AM. I, 56 ⁶): Sá hestr, er Dagr á, heitir Skinfaxi.
A (AM. II. 258): dagr á skinfaxa.

x (AM. I. 80 ¹⁹): á norþanverþum himinsenda sitr jǫtunn sá er Hræsvelgr heitir.

A (AM. II. 278): A norþanverþvm heimsenda sitr iotvnninn hræsvelgr.

x (AM. I. 142 ⁶): ok meþ honum sá áss er Loki er kallaþr.
A (AM. II. 281): ok meðr honvm loki.

x (AM. I. 174 ²⁴): En sá er nefndr Hermóþr enn hvati, er til þeirar farar varþ.
A (AM. II. 288): hermoðr for.

x (AM. I. 176 ²⁵): O'þinn lagþi á bálit gullhring þann er Draupnir heitir.
A (AM. II. 288): Oþin lagþi a balit dravpni.

x (AM. I. 178 ⁷): Móþguþr er nefnd mær sú er gætir brúarinnar.
A (AM. II. 289): Moþgvþr getti brvarinar.

x (AM. I. 182 ³): En opt um daga brá hann sér í laxlíki, ok falsk þá þar sem heitir Fránangrsfors.
A (AM. II. 289): en vm daga var hann i franangsforsi i laxsliki.

x (AM. I. 182 ¹²): þá gekk sá fyrst inn er allra var vitrastr er kvásir heitir.
A (AM. II. 289): kvaser geck inn fyrstr er vitraztr var.

x (AM. I. 188 ⁶): Naglfari losnar skip þat er svá heitir.
A (AM. II. 290): þa losnar skipit naglfarae (= naglfare = naglfari).

x (AM. I. 188 ¹²): Hrymr heitir jǫtunn er stýrir Naglfara.

A (AM. II. 291): hrymr styrir honvm.

x (AM. I. 188 [22]): Múspellz megir sœkja fram á þann voll er Vigriþr heitir.

A (AM. II. 291): Mvspellz megir riþa a vollinn vigriþinn.

4) Verschiedene formelhafte ausdrücke, welche x hat, stehen in A nicht. So:

> svá er sagt AM. I. 44 [25],
> svá sem hér segir AM. I. 48 [6],
> en þá er sagt AM. I. 146 [5],
> en þat má segja AM. I. 170 [9],
> þá er sagt AM. I. 170 [11],
> en þat er at segja AM. I. 178 [4],
> svá er sagt AM. I. 202 [9],
> vænti ek AM. I. 140 [12],
> þat kann ek vel segja þér AM. I. 80 [18].

Ganz besonderes gewicht möchte ich hier aber auf zwei stellen legen. Die in x stehenden worte AM. I. 118 no. 9: en sagt er fyr frá eþli þeira und AM. I. 188 [22]: sem fyr er sagt stehen in A nicht, jene sind angeführt bei der erwähnung von Sól und Bil, diese bei der erwähnung der brücke Bifrost. Beide erzählungen, welche durch jene worte angedeutet sind, stehen aber in jenen capiteln, welche man seit Rask fast allgemein als späteren zuwachs ansieht. Trotzdem hat man in den zurückweisenden worten nicht den geringsten anstoss gefunden.

Ich mache auf diese zwei stellen hauptsächlich deshalb aufmerksam, weil wir iu ihnen den ersten fingerzeig einer überarbeitung haben, da ja Rasks ansicht über AM. cap. X—XIII etc. mehr als wahrscheinlich ist.

5) Bei aufzählungen finden sich in A nicht, wie in x, die zahlen. So AM. I. 46 [17] und AM. I. cap. 35.

6) Für subst. allgemeinen inhalts wie ding etc. mit einem adj. hat A meist nur das adj. im neutrum:

x (AM. I. 34 [21]): ok þótti margir lutir ótrúligir.

A (AM. II. 254): þotti þar margt otrvligt.

x (AM. I. 42 [15]): allir lutir grimmir.

A (AM. II. 256): allt grimt.

x (AM. I. 140 [20]: heyrt hofum vér sagt frá þeim atburþum, er oss þykkja ótrúligir.

A (AM. II. 260): heyrt hofvm ver sagt fra þvi er oss þickir otrvligt.

x (AM. I. 152 [13]): freista skal þessar iþróttar.

A (AM. II. 283): reyna skal þetta. (iþrótt steht wenige worte früher!)

7) Vereinzelte zusammenziehungen, wenn sie als solche bezeichnet werden dürfen, kommen in A noch vor:

x (AM. I. 162 [17]; 172 [26]; 180 [7]) schreibt þvi næst, A: þa.

x (AM. II. 192 [3]): en þegar, A: þa. Ferner schreibt x (AM. I. 41 [24]: þá kollum vér hrimþussa;

A (AM. II. 256): þat ero hrimþvssar.

Während in den eben angeführten punkten A gegenüber x im ausdrucke gedrängter ist, führe ich jetzt noch einige punkte an, wo x ganze sätze und satzteile aufweist, welche A nicht hat. (Hierher gehören die bereits unter 4 angeführten ausdrücke.)

S) Appositionen, deren inhalt bereits angegeben ist, stehen in A fast nie. So fehlt in A das in x stehende son heunar (AM. I. 56¹); sendimaþr Freys (I. 108 ¹⁴); Laufeyjarson (I. 172 ¹⁶) bróþur sinn (I. 184 ¹²).

9) Fragen Gangleris, welche x hat, stehen in A zuweilen nicht. Hár fährt dann ohne unterbrechung in seiner erzählung fort. Der sinn und zusammenhang des ganzen wird dadurch keineswegs gestört, im gegenteil gewinnt letzterer nur. So hat x (AM. 1. 46⁸): þá mælti Gangleri: viþ hvat fœddisk kýrin? Hár segir: hón sleikþi hrímsteina. A (AM. II. 256): en kýrin fæddez er hon sleikti hrímsteina.

Ferner steht in A nicht:

AM. I. 46²² ff.: þá mælti Gangleri: hvat varþ þá um þeira ætt? eþa hvárir váru ríkari? þá svarar Hár.

AM. I. 52¹⁵ ff.: þá mælti Gangleri: mikit þótti mér þeir hafa þá snúit til leiþar, er jǫrþ ok himinn var gört ok sól ok himintungl váru sett ok skipt dœgrum; ok hvaþan komu menninir þeir er heim byggja? þá svarar Hár.

AM. I. 569: þá maelti Gangleri: hversu stýrir hann gang sólar ok tungls? Hár segir.

AM. I. 586: þá mælti Gangleri: hverr er sá er henni görir þann ómaka? Hár segir.

In diesen zügen gibt uns x nichts anderes als bereits gesagtes oder andeutungen von zügen, welche folgen sollen.

10) In solchen fällen, wo x zwei verba durch ok verbindet, von welchen das erste den anfang der handlung bezeichnet, findet sich dasselbe in A oft nicht:

x (AM. I. 48 ¹⁴): þeir tóku Ymi ok fluttu.

A (AM. II. 257): þeir flvtto ymi.

x (AM. I. 52²⁰): fundu þeir tré tvau ok tóku upp tréin ok skǫpuþu af menn.

A (AM. II. 258): fvndo þeir tre ij ok skopoþv af maun.

x (AM. I. 184¹⁵): þá tók Skaþi eitrorm ok festi upp yfir hann.

A (AM. II. 290): Skaði festi eitrorm yvir andlit honvm.

x (AM. I. 184¹⁷): en Sigyn kona hans sitr hjá honum ok helldr.

A (AM. II. 290): en sigvn hellt.

x (AM. I. 164²⁰): En er þórr heyrþi þessa tǫlu, greip hann til hamarsins ok bregþr.

A (AM. II. 286): þa bregþr þor vpp hamriuvm.

x (AM. I. 158²¹): En þórr gekk til ok tók hendi sinni niþr undir miþjan kveþinn.

A (AM. II. 285): þor tok hendinni vndir kveþinn niþr.

x (AM. 1. 168¹²): þórr gekk á skipit ok settisk í austrrúm.

A (AM. II. 287): ok settiz í austrrum.

Zum schlusse kommt noch eine bedeutende anzahl von sätzen hinzu, welche A gegenüber x nicht hat; es sind dies sätze allgemeinen in-

halts; sie werden nie vermisst, zuweilen aber sind sie sogar in x
störend. Solche sätze sind:

AM. I. 48²³: ok mun þat flestum monnum ófœra þykkja at ko-
mask þar yfir (über das weltmeer, welches die erde umgibt!)

AM. I. 50⁶ steht zunächst in der gemeinsamen überlieferung: þeir
gáfu staþ ollum elldingum. Darauf folgt noch in x: sumum á himni,
sumar fóru lausar undir himni ok settu þó þeim staþ (!) ok skopuþu
gongu þeim.

AM. I. 58²: ok eigi mundi hón (Sól) þá meirr hvata gongunni at
hón hræddisk bana sinn.

AM. I. 58⁴: eigi er þat undarligt, at hón fari ákafliga.

AM. I. 80¹⁶ heisst es von Hræsvelgr: en svá sterkr sem hann er
þá má eigi sjá hann. A (AM. II. 278) hat dafür nur: engi ma hann sia.
(Weshalb müssen starke leute gesehen werden?)

AM. I. 88⁸: eþa kvat hafask þeir (æsir) at?

AM. I. 124¹⁷ wird von den einherjern gesagt: en myklu¹⁰) fleira
skal enn verþa.

AM. I. 124²¹: þessi spyrning, er nú spyrr þú, þikki mér líkara (?)

AM. I. 128¹⁰: þat veit trúa mín.

AM. I. 128¹³: annat kann ek þér þaþan segja.

AM. I. 128¹⁵ hat x: bitr af limum þess trés, er mjok er nafnfrægt,
er Læráþr heitir. A hat den ziemlich ungeschickt dastehenden relativ-
satz 'er mjok er nafnfrægt' nicht. Ausserdem ist die bemerkung schon
deshalb sehr anstössig, da in der isländischen literatur, ausgenommen
Grím. 25. 26, worauf unsere stelle in Gylfag. basiert, nicht ein einziges
mal der name Læráþr erwähnt wird.

AM. I. 130⁵: þetta eru undarligt tiþindi er nú sagþir þú.

AM. I. 130⁸: hvi spyrr þú eigi þess, hversu margar dyrr eru á Val-
holl eþa hversu stórar? ef þú heyrir þat sagt, þá muntu segja, at hit er
undarligt, ef eigi má ganga út ok inn hverr er vill. En þat er meþ sonnu
at segja, at eigi er þrongra at skipa hana, en ganga i hana. (Dies ist
die einzige stelle, wo Hár dem Gangleri die frage fast aufdrängt.)

AM. I. 130²¹: svá njóta trú minnar at allmikill hofþingi er O'þinn,
er hann stýrir svá myklum her.

AM. I. 132¹: hervæþa þeir (die einherjer) sik. (Gleich vorher ist
von ihnen gesagt, dass sie sich ankleiden!)

AM. I. 132²⁴: eigi kanntu deili á Sleipni, ok eigi veiztu atburþi,
af hverju hann kom, en þat mun þér þykkja frásagnar vert.

AM. I. 134⁴: þótt þeir komi inn um Miþgarþ.

AM. I. 142²²: Eigi þarf langt frá þvi at segja, vitu megu þat allir.

AM. I. 144⁷: ok sefaþisk hann. (Gleich vorher ist erzählt: gekk
af honum móþrinn!)

AM. I. 144⁸: ok fylgja þau (þjálfi ok Roskva) jafnan siþan. (Von
der gefolgschaft der Roskva gibt uns die nord. literatur kein beispiel.)

---

¹) Ich schreibe die im cod. C consequent angewendete umgelautete
form im dat. sg. und pl.

AM. I. 146²⁶: engi álarendann (à. λ.) hreyft, svá at þá væri lausari
en áþr. (Vorher ist gesagt, dass niemand den knoten lösen könne!)
AM. I. 148⁸: er þat þér satt at segja, at ekki var þá óttalaust
at sofa.
AM. I. 148¹⁷: ok þá var miþnótt ok enn væri mál at sofa. (In
ein und demselben von at abhängigen satze wechseln ind. und conj.!)
AM. I. 150²²: ok kómu svá inn.
AM. I. 152⁹: eþa kunnandi umfram aþra menn.
AM. I. 154⁹: ef þú skallt vinna leikinn.
AM. I. 156²¹: ok er hann tók hornit af munni sér.
AM. I. 158⁴: en mér lítsk at þenna mun vera.
AM. I. 158⁶: ok drekkr sem ákafligast má hann. (Gleich darauf
folgt: þreytir mest!)
AM. I. 158¹¹: sjá má nú, at ekki nýtir þú hér af.
AM. I. 158¹⁶: er lítit mark mun þykkja (neben ungir sveinar!)
AM. I. 158²³: ok þá er Þórr seilldisk svá langt upp, sem hann
mátti lengst.
AM. I. 158²⁵: ok fekk Þórr eigi framit þenna leik meirr.
AM. I. 160⁴: ok enn mælti hann.
AM. I. 166³: En þat er satt at segja, at þá hafþi hann ráþit fyr
sér at leita til ef saman mœtti bera fundi þeira Miþgarþzorms, sem siþarr
varþ. Nú ætla ek, at engi kunni þér framarr at segja frá þessi
ferþ Þórs.
AM. I. 168⁵: at þá var búit at hann mundi þegar láta hamarinn
skella honum: en hann lét þat viþ, berask fyr þvi at hann hugþi þá at
reyna afl sitt í oþrum staþ.
AM. I. 172¹: hafa nökkur meiri tíþindi orþit meþ ásum?
AM. I. 172³: vera mun at segja frá þeim tíþindum.
AM. I. 180⁵: þau er hann hafþi sét eþa heyrt.
AM. I. 184²¹: þat kallit þér landskjálfta.
AM. I. 186²¹: þá verþr þat, er mikil tíþindi þykkja.
AM. I. 186²⁴: ok gerir sá ok mikit ógagn.
AM. I. 188¹: þá er ok þat til tíþinda.
AM. I. 190⁶: En er þessi tíþindi verþa.
AM. I. 204⁵: ok hitt mun þér undarligt þykkja.

Ich bin in aufführung dieser sätze möglichst vollständig
gewesen: die beispiele mögen selbst dafür sprechen, wie unbe-
deutend jene sätze in fast allen fällen sind. Andererseits zeigen aber auch die beispiele, dass sich die sätze fast ausschliesslich in der rahmenerzählung finden d. h. bemerkungen
Hárs oder Gangleris sind. Nun liegt aber nichts näher, als
dass ein überarbeiter einer hs., will er seine eigenen ideen mit
in seine arbeit bringen, dieselben gerade dem fragenden und
antwortenden in den mund legt. Ich kann zwar anderer-

seits nicht leugnen, dass gerade diese partien sich auch ganz besonders zu auslassungen eignen. Wenn sich nun in diesen plusstellen von x wendungen wie: 'þat veit trúa mín' finden, welche der rahmenerzählung eigentümlich sind, wendungen, welche A vielleicht ein- oder zweimal nicht hat, so spricht für den augenblick die wahrscheinlichkeit allerdings mehr dafür, dass wir in A weglassungen haben. Dagegen jedoch muss ich hervorheben, dass eine solche beliebte bemerkung der rahmenerzählung auch 'sem fyr er sagt' ist; dass diese aber zweimal fast unzweifelhaft später hinzugekommen ist, darauf habe ich früher aufmerksam gemacht. Diese erwägung, glaube ich, hebt jene einwendung zum mindesten auf.

Nach dieser erörterung glaube ich behaupten zu dürfen, dass uns das fehlen jener sätze keinen anhaltepunkt zu der annahme gibt, dass wir in A eine gekürzte fassung haben. Ebensowenig berechtigen uns aber auch zu dieser annahme die unter punkt 1—10 angeführten zusammenziehungen resp. auslassungen, wie man sie bisher aufgefasst hat. Ich muss im gegenteil sagen, dass die hs. A mit ihrem gedrängten ausdruck dem kernigen, klaren stil der Heimskringla, der repräsentantin des classischen stiles und der prosa Snorris, viel näher steht als der oft matte stil von x.[1])

Bei mehreren sätzen, welche x gegenüber A mehr hat, habe ich bereits darauf hingewiesen, dass dieselben gar nicht gut in den zusammenhang passen. Allein eine überarbeitung können wir daraus mit bestimmtheit nicht schliessen. Jetzt wirft sich uns die frage auf: Haben wir positive anhaltepunkte, aus welchen wir eine überarbeitung folgern müssen? Ich glaube diese frage bejahen zu müssen. Wir finden nämlich in x stellen, welche anderen stellen der gemeinsamen redaction widersprechen; wir finden in x stellen, welche sich nur als interpolation erklären lassen.

---

[1]) Wilken (Edda, Vorbem. XI anm. 10) nennt die darstellung in Gylfag. eine behaglich breite, aber im ganzen doch glückliche. Mögen wir nun Snorri selbst oder einen seiner vorgänger als verfasser der Gylfag. annehmen, die erfahrung habe ich gemacht: die isl. prosa bis Snorri zeichnet sich durch gedrängte kürze aus, erst die epigonen gehen zu behaglicher, breiterer darstellungsweise über.

AM. I. 34 ¹⁶ sagt in x der mann, welcher Gylfi in die halle der äsen führt, zu demselben: 'du sollst den köuig in der halle selbst nach seinem namen fragen.' Als nun aber beide in die halle treten, ist es das erste, dass der begleiter dem Gylfi den köuig zeigt und dessen namen nennt.

AM. I. 38 ¹³ heisst der ort, wohin die guten kommen, in x Gimlé eþa Vingólf; eþa Vingólf fehlt in A. Allein nach AM. I. 62 ¹⁴ ist Vingólf die wohnstätte der göttinnen.

AM. I. 138 ²⁵ wird von Naglfari gesagt: 'er mest skip.' Dasselbe wird AM. l. 176 ² von Hringhorni gesagt. Letztere bemerkung findet sich in A nicht.

AM. I. 78 no. 16. Valaskjálf als wohnsitz Valis aufzufassen, wie schon Simrock vermutet¹), gibt wol die einzige erklärung von Valaskjálf. Dass dieser sitz O'þin gehört haben soll, kennt nur x; A weiss davon jedenfalls richtiger nichts.

Dass die AM. I. 54 ² in x eingeschobene erklärung über A'sgarþ: 'þat kallask Trója' interpoliert ist, ist wol seit Grimm allgemeine annahme.²)

AM. I. 54 ¹⁹ sagt x vou der Nótt, der tochter des riesen Nǫrvi: 'hón var svǫrt ok dǫkk sem hón átti ætt til'. Nun ist aber nirgends etwas ähnliches von dem riesengeschlechte gesagt. Grimm³) vermutet, dass bei dieser stelle riesen- und zwerggenealogien in einander überspielen. Diese auffassung halte ich nicht für unwahrscheinlich; sie rührt ohne zweifel aber nicht vom verfasser der Gylfag., sondern von dem überarbeiter derselben her, da der verfasser von Gylfag., wie ich später zeigen werde, doch noch ein besseres verständnis für

---

¹) Vgl. Mythol.³ s. 42. Auch Gröndals auffassung von skjálf (= hǫll AnO. 1863 s. 141) stimmt ganz zu A. Valaskjálf mit Valhǫll in folge dessen zu identificieren, wie Wilken (Einl. s. 295) es will, ist vollständig unannehmbar, da Vala nicht Val, wie es in Valfǫþr, Valhǫll, Valgrind etc. auftritt, sein kann.

²) Neuerdings ist Wilken (Einl. s. 157) für die echtheit dieser worte eingetreten. Ich halte diese verteidigung für entschieden unberechtigt. Denn abgesehen davon, dass diese worte keineswegs zum kerne der Gylfag. passen, und dass Wilken diesen mit dem for- und eptirmáli zusammenwirft, tragen die worte, wie sie B hat (þat kallaz troía) ganz den stempel einer randbemerkung, zumal da sich in beiden cod. sowol vor als nach ihnen ein punkt befindet.

³) Mythol. s. 424 anm.

die altheidnischen auffassungen hatte. A gibt uns auch hier
in seiner kürzeren fassung: 'hon var svort' unstreitig das
richtigere.

Ebenso muss ich (AM. I. 54 [23]) die worte in x über
Dellingr [1]): 'hann var ása ættar' als zuwachs ansehen. Es
lässt sich keine stelle finden, welche diese annahme unterstützt;
die ja sonst ausführlichen nafnaþulur erwähnen Dellingr nicht
unter den äsen (vgl. AM. I. 553 ff.).

AM. I. 100 [16] finden sich in x die worte: 'Heimdallar
sverþ er kallat hofuþ', ein skaldenausdruck, wie er wol nicht
klarer sein kann. Nun ist es ja an und für sich nicht der
charakter von Gylfag., in die erzählungen kenningar einzu-
flechten: diese aufgabe haben die Skáldskm. Diese erwägung
verdächtigt diese stelle in x a priori. Dazu kommt noch, dass
diese einzige derartige umschreibung der Gylfag. an einer
stelle steht, wo sie nicht nur nicht hinpasst, wo sie vielmehr
den zusammenhang stört. Es ist erzählt, dass man Heimdalls
horn in allen ländern höre. Die darauf folgende strophe aus
Grím. (13) schildert den ort, von wo aus er sein horn er-
schallen lässt. Zwischen beides schiebt nun x jenen satz ein.
A hat denselben, ohne zweifel ursprünglicher, nicht.

Einer der schlagendsten beweise, dass x' spätere zusätze
hat, ist folgender:

(AM. I. 178 [1].) Baldrs leiche soll verbrannt werden. Da
legt O'þin sein teuerstes kleinod, den ring Draupnir, auf den
scheiterhaufen, um ihn dem liebsten seiner söhne mit zur Hel
zu geben. Von dieser zeit an, fährt x fort, besitzt der ring die
eigenschaft, dass jede neunte nacht 8 gleiche ringe von ihm
tröpfeln. Welcher grund ist es, fragt man unwillkürlich, dass
gerade von jener zeit an der ring diese eigenschaft besitzt?
Ich habe keinen finden können, wol aber gründe, welche dafür sprechen, dass diese stelle in x spaterer zuwachs ist.
Diese stelle, wie sie x hat, findet sich fast wörtlich wider
in Skáldskm. (AM. I. 344 [2]). Allein hier ist sie nicht nur berechtigt, sondern sogar notwendig. Hier wird nämlich die

[1]) Ich nehme hier die lesart von x auf. Weiter unten werde ich
den nachweis zu führen suchen, dass wir wol in dem doglingr des cod.
A (= Dꝍgglingr) die ursprüngliche namensform zu finden haben.

wette Lokis mit den zwergen erzählt. Der zwerg überreicht
den göttern, welche die wette entscheiden sollen, drei gegen-
stände. Jeder derselben hat eine besondere eigenschaft: der
erste ist nun der ring Draupnir. Nur in der eigenschaft,
welche er von seinem entstehen an hat, dass jede neunte
nacht von ihm 8 gleiche ringe tröpfeln, liegt sein wert und
dies ist die ursache, dass ihn O'þin dem Baldr mit auf den
scheiterhaufen gibt. Dazu kommt noch, dass sich nur so der
name Draupnir, welchen der ring ja seit seiner entstehung hat,
erklären lässt. Es ist also die stelle in Gylfag. red. x falsch,
und wir dürfen nicht annehmen, dass von jener zeit an, wo
Baldr begraben wurde, ringe von Draupnir tröpfelten.[1]) Das
misverständnis lässt sich aber leicht erklären, wenn wir die
quelle des überarbeiters von x heranziehen. Diese ist Skírnm.
21. Hier heisst es:

> Baug ek þér þá gef
> þann er brendr var
> með ungum O'þins syni;
> átta eru jafnhǫfgir
> er af drjúpa
> ena níundu hverja nótt.

Dazu Gylfag. red. x (AM. I. 176 25): O'þinn lagþi á bálit gullhring þann er Draupnir heitir, honum fylgþi síþan sú náttura,
at hina níundu hverja nótt drupu af honum átta
hringar jafnhǫfgir.

In der vorlage von x stand, dass O'þin dem Baldr den
ring mit zur Hel gab.[2]) Nun kannte der überarbeiter jene
strophe aus Skírnm. — ich werde später noch zeigen, dass
er Skírnm. auch andernorts benutzt hat —; da in derselben
aber zuerst jener zug, dass O'þin den ring auf Baldrs scheiterhaufen legte, erwähnt und gleich darauf die eigenschaft des
ringes erzählt wird, so glaubte er, beides stände in unmittel-
barem zusammenhange, und liess deshalb dem ringe von jenem
augenblicke an diese eigenschaft besitzen.

Ausser den eben erwähnten punkten, welche eine über-

---

[1]) Dies nimmt z. b. Simrock (Mythol. s. 73 und 80) an; wir müssen
es ganz entschieden in unseren mythologien streichen.

[2]) Vgl. cod. A: Oþinn lagþi a balit dravpni (ok hest balldrs með
ollvm reiþa).

arbeitung der vorlage von x wahrscheinlich machen, kommen
noch einige erzählungen, welche besonders ins auge zu fassen
sind, erzählungen, welche sich in A teils gar nicht, teils nur
fragmentarisch und anders widerfinden, als in x. Hierher gehört vor allem Gylfag. red. x cap. 1.

In diesem capitel wird die entstehung Selunds erzählt.
Gefjon erhält vom könige Gylfi so viel land, als vier ochsen,
ihre und eines riesen kinder, an einem tage pflügen können.
Dies land fährt Gefjon übers meer: es ist die insel Selund.
Hierauf folgt eine skaldenstrophe Bragis, welche eigentlich der
ganzen erzählung zu grunde liegt. Diese erzählung nun passt
keineswegs in den rahmen der Gylfag. Dieser ist nach all-
gemeiner annahme dem eingange der Vafþrm. nachgebildet, wo
O'þin als Gagnráþr die weisheit des riesen Vafþrúþnir erfor-
schen will. Die einleitenden strophen entsprechen aber Gylfag.
red. x cap. 2. Dazu kommt noch, dass die nach gleichem
vorbild entstandenen Bragarœþur ebenfalls keine ähnliche einleitung kennen. Erregt nun schon diese vergleichung etwas
zweifel, so wächst derselbe noch, wenn wir erwägen, dass es
nicht der charakter von Gylfaginning ist, skaldenstrophen zu
citieren. Dazu kommt noch, dass Gefjon in diesem capitel
eine ganz andere ist als cap. 35. Hier (AM. I. 114 [11]) wird
von ihr gesagt: 'hón er mær ok henni þjóna þær er meyjar
andask.' Während sie also hier als ewige jungfrau und göttin
der jungfrauen geschildert wird, hat sie red. x cap. 1 vier
söhne von einem riesen. Machen es nun alle diese punkte
schon wahrscheinlich, dass Gylfag. red. x cap. 1 nicht ursprünglich ist, so ist es vor allem ein punkt, welcher diese annahme
fast zur gewisheit macht. Ich habe schon früher gezeigt, dass
cod. B namentlich den vorzug hat, sich möglichst genau an
seine vorlage zu halten, während die vorlage der uns erhaltenen hs. C mancherlei änderungen hat. Der anfang von
cap. 2 lautet aber im cod. B: '[G]ylfi er maðr nefndr (sic!) hann
var konungr ok fiolkunnigr.' Diese worte konnte aber ein
verfasser nicht sagen, welcher bereits vorher von Gylfi ge-
sprochen hat. Der verfasser von x hat also, jedenfalls um
einen seiner meinung nach besseren sinn zwischen der praefatio und Gylfag. herzustellen, dieses capitel eingeflochten, ohne
jedoch den anfang seiner vorlage, welchen B uns erhalten hat,

zu ändern. Entlehnt ist aber dieses capitel fast wörtlich aus Ynglingasaga cap. 5.[1])

Zum schlusse sind noch drei stellen ins auge zu fassen, welche viel zur annahme, dass wir in A eine gekürzte fassung haben, beigetragen haben. Dies sind die erzählungen von A'rvakr und Alsviþr, von sommer und winter und von Freys werbung um Gerþ. Alle diese erzählungen, welche auf Eddalieder zurückgehen, finden sich in capiteln, welche die zusammenhängende, fliessende erzählung von Gylfag. stören und daher bereits von Rask als späterer zuwachs angesehen worden sind.[2]) Ich komme auf diese frage später zurück; hier gedenke ich nur die gründe anzuführen, welche mich veranlasst haben, auch hierin der hs. A vor x den anspruch auf ursprünglichkeit einzuräumen.

1) Die erzählung von Alsviþr und A'rvakr (AM. I. 56 [18] ff.). Diese erzählung fehlt in A vollständig. Sie findet sich in x eingeflochten in die erzählung von Sól und Máni. Dass diese in A unklar ist, unterliegt keinem zweifel. Allein auch die erklärung des 'hesta' in x durch die worte: þeir hestar heita svá: A'rvakr ok Alsviþr etc. will gar nicht recht zu der sonst fliessenden erzählung der Gylfag. passen; sie macht den eindruck, als ob dem schreiber von x selbst die stelle dunkel gewesen wäre und als ob er durch heranziehung von Grím. 37 etwas licht hinter dieselbe habe bringen wollen. Auch die fast wörtliche übereinstimmung dieser stelle mit Grím. 37 macht es mir wahrscheinlich, dass jene episode nur dem überarbeiter zuzuschreiben ist: Grím. 37 — 39 bilden ja eine vollständig in sich abgeschlossene episode, welche viel besser nach Vafþrm. als hierher passt.[3]) Diese episode hat aber dem verfasser der älteren red. der uns erhaltenen Gylfag. nicht schrift-

---

[1]) Zu ganz ähnlichem resultate kommt auch Wilken (Einl. s. 148). Seine ansicht, dass Gylfag. red. x cap. 1 und YS. cap. 5 auf die Skjöldungensaga zurückgehe, will ich keineswegs für unmöglich halten. Da ich jedoch den bearbeiter von x zuweilen als ziemlich guten bearbeiter kennen gelernt habe, und sonst die übereinstimmung von YS cap. 5 und Gylfag. cap. 1 fast wörtlich ist, glaube ich an meiner annahme festhalten zu müssen.

[2]) Edda s. 14 no. 3; 23 no. 3; 41 no. 3.

[3]) Gleicher ansicht sind auch Symons ('Taalk. Bijdr. II) und Edzardi (Germania XXIV).

lich vorgelegen; er hat str. 39 nur aus mündlicher überlieferung
gekannt. Dass aber der bearbeiter von x dieselbe schriftlich
gekannt hat, darauf werde ich bei der erwähnung der sonnen-
wölfe zu sprechen kommen.

2) Die erzählung von sommer und winter, gestützt auf
Vafþrm. 27. Dieser erzählung, welche in A fehlt, geht in x
die erzählung von den winden voran (AM. I. 80 [14] ff.). Letztere steht nun in A an ganz anderer stelle (AM. II. 278):
hier ist sie zwischen der erzählung von den einherjern und
einer strophe aus Grím., welche O'þin als höchsten der äsen hin-
stellt, eingeschoben; hierher passt sie ganz und gar nicht.
Allein ihre stellung in x ist nicht mehr berechtigt: hier haben
wir (cap. 17) den bericht über die burgen der götter; cap. 20
zählt die bewohner dieser burgen, die äsen selbst auf. Beide
aufzählungen stützen sich in der hauptsache auf Grím. Zwischen dieselben schiebt sich nun die erzählung von den winden
(cap. 18), aufgebaut auf Vafþrm. 36—37, und die von sommer
und winter (cap. 19). Ich kann mir den zusammenhang dieser
verschiedenen stellungen nur so erklären: der schreiber der
gemeinsamen vorlage von x und A hat das capitel von den
winden bei der erzählung von den einherjern an den rand geschrieben. Für diese möglichkeit spricht der umstand, dass
cap. 18 ungemein kurz ist. Der schreiber von A hat dasselbe
hier in den text aufgenommen, hat aber bei dieser gelegenheit
die prosa weggelassen, welche die strophe aus Grím. einzig
und allein motiviert (vgl. s. 503). Der bearbeiter von x dagegen hat eingesehen, dass das capitel in der vorlage an un-
rechtem platze steht. Er hat ein bindeglied gesucht und hat
dieses in dem: 'á sunnanverþum himins enda' (AM. I. 78 [16])
gefunden. Diesem hat er 'á norþanverþum himins enda'
(AM. I. 80 [16]) gegenüber gesetzt. Der name des windes aber
hat ihm die veranlassung gegeben, daran die erzählung von
sommer und winter zu reihen (Vindsvalr).[1]

[1] Anderer ansicht ist Wilken (einl. s. 92). Nach ihm ist cap. 18—19
späterer zusatz (anm. 107). Dies merkte der ungeschickte schreiber von
A und lässt deshalb die beiden capitel aus. Gelegentlich aber holt er
das erste capitel nach, lässt aber das 2. als 'wenig besagendes capitel'
weg (!); dabei aber zugleich eine periode, welche unbedingt dastehen
muss. (?)

3) Freys werbung um Gerþ (x : AM. I. 120, A : AM. II. 275). Diese erzählung ist in A ganz verschieden von der in x. Die hauptunterschiede beider fassungen sind: In x leuchtet luft und meer von den armen der Gerþ (so auch Skírm. 6); in A von ihren haaren.

In x kommt Frey traurig nach haus, er kann weder schlafen noch essen. Die götter bewegen den Skírnir zu ihm zu gehen und sich nach der ursache des leides zu erkundigen (so ebenfalls nach Skírm. pros. einl. und str. 1—2); in A kommt Frey nach haus und kann nicht schlafen; er unterhält sich in folge dessen mit Skírnir.

In x steht, wo Frey nach 9 tagen die Gerþ treffen soll, darauf citiert x Skírm. 42 (beides auch in Skírnm.); A sagt nur: Skírnir und Gerþ kamen in betreff der liebe der Gerþ zu Frey überein; die strophe hat A nicht.

Diese vergleichung zwischen A und x einerseits und zwischen A und Skírnm. andererseits hat mich zu dem resultate gebracht, dass A Skírnm. auf keinen fall kann gekannt haben. Eine vollständige umgestaltung seiner vorlage, selbst wenn sie uns gekürzt wiedergegeben wäre, traue ich dem schreiber von A nicht zu. Nun habe ich bereits früher darauf hingewiesen, dass aller wahrscheinlichkeit nach der bearbeiter von x die uns erhaltenen Skírnm. gekannt und anderenorts schon benutzt hat. Von dieser annahme ausgehend, lösen sich auch hier die widersprüche: wir haben in A den ursprünglichen text von Gylfag. anzunehmen: die fast fragmentarische kürze dieser erzählung aber veranlasste den schreiber von x seine vorlage mit hülfe des liedes von Skírnir zu vervollständigen resp. zu ändern.

Soweit die untersuchung über die frage, ob wir in A eine gekürzte oder in x eine überarbeitete fassung haben. Die vergleichung der einzelnen stellen hat ergeben:

1) Wir haben keinen grund in A eine principiell gekürzte arbeit anzunehmen.

2) Scheinbare kürzungen und auslassungen in A finden sich fast ausschliesslich in abschnitten, welche den zusammenhang der darstellung unterbrechen und daher wol nicht zur ursprünglichen Gylfag. gehört haben.

3) Wir finden in x stellen, welche sicher, andere, welche höchst wahrscheinlich interpoliert sind. Bei erwägung dieser drei punkte spricht aber die wahrscheinlichkeit mehr dafür, dass wir im allgemeinen auch in den nicht controlierbaren stellen erweiterungen in x, nicht aber kürzungen in A haben.

Wenn wir so berechtigt sind, in A nicht nur die älteste, sondern auch die dem originale am nächsten stehende hs. der Gylfag. zu erblicken, sind wir doppelt verpflichtet, ihren wert gegenüber dem von x zu prüfen.

Seite 502 ff. habe ich stellen aufgeführt, wo die kürzere fassung in A den sinn beeinträchtigt. Hat sich nun im laufe der untersuchung herausgestellt, dass wir keinen grund haben in A eine principiell gekürzte redaction zu finden, so müssen wir aus jenen stellen schliessen, dass der schreiber von A seine vorlage nicht selten flüchtig widergegeben hat. Hierfür spricht nun auch eine ganz bedeutende anzahl von fehlern, wo uns ohne zweifel die doch durch mehr glieder gehende red. x das richtige gibt. Solche fehler von A sind:

AM. I. 44 [22] schreibt x: þá mælti Hár; A (AM. II. 256): þa svarar iafnhár. Auf eine frage Ganglleris antwortet aber in Gylfag. stets Hár.

AM. II. 258 [31] nennt A den gemahl der Sól 'glornir'. Derselbe muss aber im hinblick auf die strophe Skúlis Þorsteinsson (AM. I. 330) Glenr, wie x in Gylfag. (AM. I. 56) hat, lauten.

AM. II. 261 [32] heisst der wurm, welcher an der wurzel der weltesche nagt, nach A nidhögr; nach x aber (AM. I. 68 [16]) und allen anderen überlieferungen Níþhoggr.[1])

AM. I. 74 [1] setzt x wol richtiger dem 'illar nornir' 'goþar nornir' gegenüber; A hat für letzteres: Goþar meyiar.[2])

AM. II. 269 [34] wird Heimdall nach A hialmskiþi genannt, nach x (AM. I. 100 [7]): Hallinskiþi. Ich halte letzteres im hinblick auf die strophe Glums [3]) für das richtigere.

---

[1]) Vgl. cod. reg. 2365 Vlsp. 38. 62; Grim. 32. 35; cod. AM. 544: Vlsp. 35. 59 (niðhoggr); cod. AM. 748; Grim. 32 (niðhogvi). 35.

[2]) Möglicherweise kann hier dem schreiber von A resp. dessen vorlage Vlsp. 20 vorgeschwebt haben: þaþan koma meyjar etc.

[3]) Vgl. Heimskringla ed. Unger s. 112: tauna Hallinskiþa.

AM. I. 114 23 nennt x die Freyja 'Horn'. Dies ist ihr richtiger beiname.[1]) hæn, wie A dafür schreibt (AM. II. 274 23), ist nirgends belegt.

AM. II. 280 12 sollen die zwerge das schiff Skíþblaþnir nach A der Freyja geschenkt haben, nach x dagegen dem Frey. Letzteres stimmt mit den berichten aus Skáldskm. (AM. I. 342) und Grím. (str. 43).

AM. II. 281 28 hat A zwischen kyl und þors das ganz unangebrachte 'oþins' eingeschoben.

AM. II. 290 20 wird in A von der Miþgarþzschlange gesagt: snyz í iotvn heima. Dies iotvn heima ist ganz unverständlich; x hat hier richtig (AM. I. 188 6): snýsk í jǫtunmóþ entsprechend Vlsp. 50, 3—4:

> Snýsk jǫrmungandr
> í jǫtunmóþi.

AM. II. 292 24 ist das prt. des cod. A: komv zu verwerfen; x hat dafür richtig das praes. koma.

Andere fehler ähnlicher art sind noch in A:

AM. II. 257 17: borin *brotin; 261 25: þa *þar; 262 16: þor *Þorr; 263 17: daninn *Dainn; 265 23: happa Guþ *Hapta guþ; 266 20: þrvangr *Þrúþvangr; 269 10: breyt *bezt; 274 16: Freygia *Freyja; 282 25: hravst *hraut; 283 20: svalanna *spalanna; 283 27: nockvrvrar *nokkurar; 286 19: þo *þú; 288 23: vargar *hǫggormar; 288 32: freyio *Freyja; 290 19: dreipaz *drepaz.[2])

Diese nicht geringe zahl von fehlern zeigt uns zur genüge, dass der schreiber von A seine vorlage ziemlich leichtfertig abgeschrieben hat, und es kann deshalb die möglichkeit nicht geleugnet werden, dass er uns hier und da eine stelle nicht gibt, welche x noch erhalten hat, deren fehlen sich aber in A nicht nachweisen lässt.

Sinkt durch diese betrachtung für uns der wert von A, so kann doch unmöglich alles ursprüngliche und gute verloren gegangen sein, zumal da ein schreiber, wie wir den von A kennen gelernt haben, wol wenig zu zusätzen und willkürlichen veränderungen geneigt ist.

---

[1]) Vgl. Sn. E. AM. II. 474 4.

[2]) Einen namen 'falkr' für O'þin, wie AM. II. 254 29 steht, hat cod. A nicht. Derselbe schreibt wie die anderen cod. jalkr.

Wir haben früher gesehen, dass die hs. A in einer nicht unbedeutenden zahl von punkten mit B gegenüber C das ursprüngliche bewahrt hat. Diese stellung nimmt nun auch A gegenüber x ein. Diese punkte hat man bisher in den ausgaben völlig ausser augen gelassen; stimmten B und C überein, so galt die lesart für richtig und unanfechtbar. Diese einseitigkeit hat aber zu einer menge falscher auffassungen in der nordischen mythologie geführt.

Schon die wirklich interpolierten und die zweifelhaften plusstellen in x haben gezeigt, dass wir A doch mehr als bisher berücksichtigen müssen; ich gedenke jetzt eine reihe von stellen anzuführen, in welchen ich mich nicht entschliessen kann, in x die richtige lesart zu finden. Vorausschicken muss ich hier einen grundsatz: die übereinstimmung der red. x mit den Eddaliedern, wie sie im cod. reg. aufbewahrt sind, berechtigt uns nicht immer an diesen stellen in x das ursprüngliche zu sehen; x hat, wie ich schon angedeutet habe und wie ich noch weiter auszuführen gedenke, eine unserem cod. reg. sehr nahe stehende liederhs. bei der überarbeitung benutzt. Das ursprüngliche finde ich in A gegenüber x.

Seite 492 habe ich gezeigt, dass wir in der construction gefa c. acc., staþ resp. staði, wie sie AB haben, das echte und ursprüngliche zu suchen haben. gefa staþar haben aber BC noch einmal (AM. I. 42⁶). Auch hier kann ich mir die construction, wenn sie gleich andere bedeutung als AM. I. 50 no.3 hat, nicht recht erklären; nach einer parallelstelle habe ich vergeblich gesucht. Ich halte deshalb an letzterer stelle die lesart von A (AM. II. 256): nam staþar allein für richtig.[1)]

AM. I. 36¹⁶ hat x: Hár segir, at hann komi eigi heill út, nema hann sé fróþari. Bei dieser stelle werfen wir unwillkürlich die frage auf, wen soll Gylfi in der weisheit übertreffen, da im folgenden nicht Hár allein, sondern auch Jafnhár und Þriþi die antwortenden sind? Die quelle jener worte, Vafþm. 7, 6 lässt keine zweideutigkeit zu. Dies ist ebenfalls der fall im cod. A. Hier heisst es (AM. II. 254²⁰): hár segir at hann komi eigi heill vt c f hann er fróþari. Es bezieht sich

---

[1)] Beispiele für diese construction vgl. Lund a. a. o. s. 171.

hier das erste 'hann' auf Gylfi, das zweite auf Hár.[1]) Hár sagt zum Gylfi, er komme nicht heil fort, wenn er, nämlich Hár, klüger sei.

Niflheim und Niflhel.

Während cod. A das reich der toten, über welches Hel gesetzt ist, consequent Niflheimr nennt, liest x an vier stellen Niflheimr, an zwei Niflhel (AM. I. 38 no. 8 und I. 136 no. 16). Im hinblick auf diese schreibweise der hss. wirft sich uns die frage auf: haben wir an jenen zwei stellen, wo x Niflhel liest, einen anderen ort zu finden, als in dem sonst Niflheimr genannten? Ist letzteres nicht der fall, so müssen wir uns entschieden für die consequente schreibweise der hs. A entscheiden.

AM. I. 38 no. 9 wird erzählt, dass die bösen zur Hel und von da nach Niflhel kommen, d. i., fügt der schreiber hinzu, unten in der neunten welt.

AM. I. 106[3] wird uns erzählt, dass O'þin die Hel nach Niflheim bannte und ihr gewalt über neun welten gab: zu ihr kommen diejenigen, welche in folge einer krankheit oder des alters sterben. Da nun hier ausdrücklich erzählt wird, dass O'þin die Hel nach Niflheim verbannte, da ferner oben erzählt ist, dass die bösen zu Hel kommen, so müssen sie notwendigerweise nach Niflheim kommen und Niflhel muss derselbe ort sein wie Niflheim.

Die zweite stelle, wo Gylfag. red. x Niflhel gebraucht, ist AM. I. 136 no. 16: hier erschlägt Þór den baumeister von A'sgarþ und schickt ihn 'niþr undir Niflhel'. Es ist klar, dass dieser baumeister aus demselben grunde wie Baldr nach Niflhel kommt: er fällt nicht im kampfe, sondern er wird erschlagen. Solche tote kommen aber, wie die oben angeführte stelle der gemeinsamen red. zeigt, nach Niflheim, folglich ist auch an dieser stelle in x Niflhel == Niflheimr.

---

[1]) Eine ganz parallele construction findet sich z. b. Sn. E. (AM. I. 148[18]): þá hugsaþi Þórr þat, ef hann kvæmi svá í fœri, at slá hann hit þriþja högg, at alldri skylldi hann sjá sik siþan. Hier kann das erste hann nur auf Þór, das zweite nur auf Skrýmir gehen. Auch die conjunctionen sind in diesem beispiele ganz dieselben wie oben.

Die anderen stellen, wo Niflheimr in beiden redactionen
noch vorkommt, geben uns aufschluss über die lage und die
beschaffenheit dieser welt; sie geben uns nicht den geringsten
anhaltepunkt, dass Niflheimr und Niflhel zu trennen sind.

Da wir so in Niflheimr und Niflhel nur einen ort zu finden haben, müssen wir auch an den stellen, wo uns nur A
Niflheimr gibt, den ursprünglichen namen in A finden.

Wie ist aber der name Niflhel, welchen ja auch die
Eddalieder (Vegtkv. 2, Vfþrm. 43) kennen, nach x gekommen?
Ich glaube, dass derselbe durch Vfþrm. 43 hineingekommen
ist: diese strophe ist offenbar AM. I. 38 benutzt worden. Während ich aber einerseits benutzung eines aufgezeichneten liedes
'Vfþrm.' in der ursprünglichen redaction nicht für wahrscheinlich halte, glaube ich andererseits, dass die red. x auch dieses
lied schriftlich aufgezeichnet, gekannt und nach ihm verändert
hat. Den namen Niflhel halte ich aber nur für eine poetische
bezeichnung des pros. Niflheimr.

Niflhel hat man andererseits als teil von Niflheimr auffassen wollen.[1]) Auch dazu haben wir der überlieferung nach
kein recht. Nach AM. I. 106 [3], wie ich bereits oben erwähnt,
kommen die nicht im kampfe gefallenen nach Niflheim, nach
Vafþrm. 43 nach Niflhel. Baldr macht von diesen, wie die
ganze erzählung zeigt, nicht die geringste ausnahme. Als aber
Hermóþ zu Baldr ritt, muste er über das gitter, welches Hels
wohnung umgibt (die Helgrind). Baldr befand sich also dort,
wo auch die Hel war, wohin sie verbannt war: in Niflheim.
Dass aber ein anderer ort als der wohnort der Hel unter dem
namen Niflhel einen teil von Niflheimr ausgemacht habe, wird
wol niemand annehmen wollen.

Auch in seinem mvspellz heimr (AM. II. 255 [20]) hat A
das ursprüngliche; x nennt den ort Múspell (AM. I, 40 [11]).
Nach allgemein germanischer anschauung muss Múspell als
person gedacht werden. Dafür spricht u. a. jene stelle aus
dem Heliand (ed. v. Heyne 4360/61):

> Mútspelli kumit
> an thiustrea naht.

Ein personenname kann aber nicht für das land stehen, über

---

[1]) So Lüning: Die Edda, einl. s. 46.

welches die betreffende person herscht. Dass dies auch nicht die absicht des verfassers der Gylfag. gewesen ist, beweist widerum die schreibweise der hss. A schreibt stets mvspellzheimr; x dreimal Múspellzheimr und nur, ausser an unserer stelle, noch einmal (AM. I. 42 [16]) Múspell.[1]

AM. I. 42 [18] schreibt x: ok af þeim kvikudropum kvikuaþi meþ krapti þess et til sendi hitan. Wir werden hier, bei der entwicklungsgeschichte des ersten wesens mit einer person (þess) bekannt, welche wir nicht kennen. Diese stelle in x wird immer dunkel bleiben. Ich halte die allerdings kürzere fassung von A (AM. II. 256 [11]): 'ok dravp af ok meþ krapti þeim er styrþi varþ mannz likindi á' für die allein richtige.

Besondere beachtung verdient AM. I. 46 [19]. Hier wird von O'þin gesagt nach x:

'þat ætlum vér at hann muni svá heita; svá heitir sá maþr er vér vitum mestan ok agæztan, ok vel megu þeir (þer B) láta hann svá heita';

nach A (AM. II. 257 [3]):

ok þar er sia[2]) eptir herann (?) er ver vitvm mestan vera.

Wie wir die stelle in x haben, ist sie eine der dunkelsten in Gylfag. Man hat sie bisher fast ganz bei seite gelassen; Pfeiffer gedenkt ihrer mit keinem worte, Simrock lässt sie in seiner übersetzung unübersetzt. Egilsson hält sich bei der übersetzung der AM.-ausgabe an B und übersetzt: Putamus eum (mundi rectorem) sic appellari: sic enim appellatur homo, quem maximum et celeberrimum novimus; itaque vos patiamini aequo animo, eum sic appellari.

Nach dieser auffassung wären die worte an Gylfi als vertreter der menschheit gerichtet, nach C dagegen wäre die aufforderung allgemein an die menschen gerichtet. Etwas ähnliches findet sich in Gylfag. nicht: dies widerspricht dem charakter der Gylfag. Nehmen wir noch hinzu, dass jene worte

---

[1]) Für Múspell als personenname sprechen auch Múspellz megir, Múspellz synir. Ist Múspell vielleicht eine andere bezeichnung für Surtr, denn dieser ist nach A (AM. II. 255) nicht nur vogt von Múspellzheim, wie z. b. Petersen (nord. mythol. s. 66) annimmt, sondern herscher.

[2]) (od. A hat faa (= sá?); anders kann ich dies wort nicht lesen, wenn ich auch sonst im cod. nicht aa = á gefunden habe.

ziemlich matt klingen, so glaube ich wol berechtigt zu sein,
in ihnen einen 'entbehrlichen schreiberzusatz' zu finden.

Die stelle, wie sie sich in A findet, bespricht Ihre [1]) bei
besprechung der Göranssonschen ausgabe der Edda. Er rügt,
dass Göransson statt 'eptir honum' 'eptir herann' gelesen
habe. Abgesehen davon, dass die hs. A wirklich herann liest,
gibt auch Ihres lesung keinen sinn. Ich möchte deshalb, gestützt auf die papierhs. h (ok þar er sá eptir heitinn) und die
worte in x: muni svá heita für 'herann, heitinn' lesen.[2]) Dann
aber heisst die stelle, wie wir sie in A haben: Und darnach
(nach dem regieren himmels und der erde) ist der benannt,
welchen wir für den mächtigsten halten. O'þin heisst also der
lenker himmels und der erde. So passen die worte ganz in
den mund Hárs und gesellen sich ganz zu den worten über
Alfoþr (AM. I. 38 [6]): lifir hann of allar alldir etc. Möglicherweise hat an unserer stelle dem verfasser der Gylfag. Egils
Sonartorrek str. 22 [3]) vorgeschwebt, wo O'þin 'guþ jarþar'
genannt wird, nachdem er hier, wie an unserer stelle in Gylfaginning in der zeile vorher 'broþur Vilis' genannt ist.

AM. I. 46 [23] u. ö. nennen alle ausgaben den vater von
O'þin, Vili und Vé 'Borr'. Sie stützen sich dabei auf die les-
art von BC: borr, was sowol borr als borr sein kann. Bugge
(Edda s. 393) führt die stellen aus Sn. E. an, wo dieser name
vorkommt: überall findet sich borr resp. burr. Die stellen der
Eddalieder unterstützen Bugges annahme: Vlsp. 4 cod. reg.:
bvrs; cod. Hauksb. bors; cod. Flatb. Hyudlulj; 30 [2]: Burs.
Wir sind also absolut nicht berechtigt Borr zu schreiben.

Grimm (Myth. 207 anm. 2) nimmt an, dass das wort
Borr dem altn. burr = der sohn (got. baurs, ags. byre) nahe
liege; ich glaube, dass es dasselbe wort ist. Der cod. A aber
gibt uns den ursprünglichen vocal u. Wir haben also in A

---

[1]) Vgl. Schlözer, isl. lit. und gesch. s. 104.

[2]) Dieselbe conjectur stellt Wilken (einl. s. 34) auf. Wegen derselben jedoch besonderes gewicht auf die papierhs. h zu legen, halte ich
für ungerechtfertigt, da cod. h wie fast alle anderen papierhss. ein com-
pilatorisches werk ist, die conjectur aber, aus dem falschen herann von
A und heita von x heitinn zu verbessern, ungemein nahe liegt.

[3]) Vgl. Wisén, U'rval s. 54. Sn. E. I. 235.

das ursprüngliche bewahrt, in den formen auf o aber einen im altnord. nicht seltenen lautwechsel.[1])

Der zweite gemahl der Nótt heisst nach C (AM. I. 54 no. 16): annarr; nach B: anarr, nach A: onar (onarr?). Vor allem sind wir nicht berechtigt mit C nn zu schreiben. Der name findet sich noch zweimal Skldskpm. AM. I. 320: hier haben alle hss. (ABC cod. AM. 757) n mit ausnahme des cod. AM. 757, welcher an zweiter stelle 'annars' schreibt. Was den ersten vocal betrifft, so haben wir ohne zweifel in A das richtige. In einer strophe Hallfreþs (AM. I. 320) reimt O'nars zu gróna. Durch diese strophe ist die richtigkeit der lesart von A entschieden und durch diese nur können wir auf die etymologie des wortes gelangen. Die endung arr (ar) ist eine endung, welche oft zur bildung von eigennamen gebraucht wird (vgl. Einarr, Ragnarr, Fjalarr, Galarr etc.). So bleibt als stamm O'n-. In diesem nun haben wir meiner ansicht nach das von Weinhold (Zs. f. d. alt. VII, s. 7) angenommene Ôn (= ind. agni, lat. ignis), in O'narr aber die personification dieses wortes, den ältesten feuergott zu finden.

Der dritte gemahl der Nótt ist nach x (AM. I. 34 no. 17) Dellingr; nach A (AM. II. 258 [25]) doglingr. Dellingr von Dag-lingr abzuleiten, ist, wie schon anderenorts bemerkt[2]), aus grammatischen gründen sowol, wie inhaltlich unmöglich, Dag-lingr müste der nachkomme des Dag sein. Allein auch die ableitung des namens von dallr, wie Bugge will, gibt nicht rechten sinn. Bugge bezeichnet nun die form in A, welche er mit 'dagr' zusammenbringt, als unrichtig. Zunächst muss ich bemerken, dass dieselbe form auch anderenorts belegt ist: die eine hs. der Hervararsaga hat consequent: fyrir doglings dyrum. Die form ist also nicht gut aus der nord. literatur zu bannen. doglingr, meint Bugge, habe der schreiber von A von dagr abgeleitet. Stände nun auch dieser u-umlaut in der nord. sprache nicht isoliert da (vgl. Müllenhoff, Zs. f. d. alt. XXIII s. 120 anm.), so stossen wir doch inhaltlich auf dieselben schwierigkeiten wie oben: doglingr kann nicht der vater des Dagr sein. Wie aber sollte der schreiber der Her-

---

[1]) Vgl. Gislason, Um Frumparta s. 197.
[2]) Vgl. u. a. Bugge zu Vafþrm. 25[1].

vararsaga auf denselben fehler gekommen sein? Da aber
doglingr nicht mit dagr zusammenhängen kann, so ist die einzige möglichkeit übrig, dass doglingr = dogglingr ist. Diese
vereinfachung des ursprünglichen gg in g hat aber cod. A
sehr oft; so schreibt er regelmässig ygdrasill *yggdrasill;
niðhogr *niðhoggr etc. Diese vereinfachung des gg habe ich
im cod. A namentlich vor dentalen lauten gefunden.

Nach dieser erörterung haben wir nach cod. A in doglingr (= dogglingr) den dem morgentau entsprossenen gott,
den gott der morgendämmerung zu finden: er zeugt mit der
nacht den herrlichen Dag.[1]

AM. I. 58⁷ ff. Nach red. x sind es zwei wölfe, Skoll
und Hati, von welchen der eine der sonne, der andere dem
monde nacheilt: beide gestirne werden einst von ihren ver-
folgern verschlungen werden. Nach dieser bemerkung kommt
Hár auf das geschlecht der wölfe zu sprechen und fährt fort:
In Järnviþ wird auch Mánagarm (d. i. der mondhund) aufge-
zogen; er wird einst den mond verschlingen. Die hier ent-
stehenden widersprüche, indem erst Hati als verfolger des
mondes und jetzt Mánagarm als verschlinger desselben aufgefasst wird, hat man allgemein durch eine identificierung von
Hati und Mánagarm beseitigt.[2] Allein ich möchte doch dagegen einspruch erheben. Nachdem x von den wölfen Skoll
und Hati, dann von dem riesenweibe, welches die wölfe auf-
zieht, erzählt hat, fährt der schreiber fort: 'þapan eru komnir
þessir úlfar.' Das 'þessir' kann sich aber nur auf Skoll und
Hati beziehen. Dann heisst es weiter: ok svá er sagt, at af
iettinni verþr sá einn máttkastr, er kallaþr er Mánagarmr.
Diese worte konnte ein schreiber nicht gebrauchen, welcher in
Hati und Mánagarmr ein und denselben wolf erblickte. Dazu
sei noch bemerkt, dass Mánagarm der mächtigere, also mäch-
tiger als der die sonne verschlingende wolf sein soll. Nun
weiss cod. A nichts davon, dass Hati oder — wie A mit der
Hervararsaga den wolf nennt — Hatti den mond verfolgt.

---

[1] Diese erklärung des vaters des Dag gibt meiner ansicht nach
besseren sinn als die ableitung seines namens von 'dallr', wenn ich auch
die schwierigkeiten, welche die consequenzen derselben mit sich bringen,
zur zeit nicht beseitigen kann. Ich behalte mir die lösung derselben vor.

[2] So Simrock, mythol. s. 24.

Hier fragt zunächst Gangleri: Woher kommt es, dass die
sonne so eilt (ebenso ist auch die frage in x). Darauf antwortet Hár: Zwei wölfe tun das, Skǫll und Hatti. Nun wäre
es doch höchst sonderbar, wenn sich Sól vor dem den
mond verfolgenden wolfe fürchtete. Dies müssen wir aber
aus x schliessen: auch hier bringen zwei wölfe die Sól in
schrecken. Skǫll, er eptir henni ferr ok Hati, er fyr henni
hleypr. Soweit stimmen x und A überein. Während aber
nun A mit recht hier schliesst, fügt x noch hinzu: ok vill hann
taka tunglit ok svá mun verþa. Es eilt also nach x die sonne
vor dem wolfe, welcher den mond verfolgt! Dies kann unmöglich die ursprüngliche fassung sein. Vergleichen wir hier-
zu aber die stelle aus Grím., worauf dieser bericht basiert.
Hier handelt str. 37 — 39 von der Sól: str. 37 werden ihre
rosse angeführt, str. 38 wird von dem sonnenschilde Svalin
berichtet, str. 39 schliesslich von unseren zwei wölfen. Hier
heisst es:

> Skǫll heitir úlfr
> er fylgir hinu skírleita goþi
> til varna viþar,
> en annarr Hati
> hann er Hróþvitnis sonr
> sá skal fyr heiþa brúþi himins.

Diese drei strophen bilden in Grím. eine sondererzählung; sie
haben weder mit dem vorhergehenden noch mit dem folgenden
etwas gemein. (Aufzählung der valküren; schöpfung der welt
aus Y'mir.) Diese strophen handeln aber nur von gegenstän-
den, welche die Sól begleiten. Hier wäre es nun ebenso auffallend, wenn auf einmal, ohne dass des mondes vorher auch
nur mit einem worte gedacht wird, der mondwolf mit in die
aufzählung gezogen würde.[1]) So hat man bisher allgemein
die worte: 'sá skal fyr heiþa brúþi himins' aufgefasst. Da
es mir nun höchst unwahrscheinlich scheint, dass in Grím.
unter Hati der mondwolf verstanden ist, da ferner eine identificierung von Hati und Mánagarm nach der fassung in x un-

---

¹) Dieselbe einwendung muss ich erheben, wenn wir annehmen, dass
Grím. 37—39 ursprünglich zu Vafþrm. gehört habe. Ständen die strophen
hier auch nicht so lose da wie in Grím., so würden sie unter sich doch
einen zusammenhängenden teil ausgemacht haben.

möglich ist, da endlich auch die lesart in x widersinnig ist, so glaube ich nach A zur annahme berechtigt zu sein, dass beide wölfe nach anschauung der alten die Sól begleitet haben: Skǫll ist dem sonnenwagen gefolgt, Hati (resp. Hatti) hat vor der Sól (es steht in Grim.: fyr heiþa brúþi himins) zur seite der rosse diese in schrecken gesetzt. Durch diese annahme, glaube ich, lösen sich die widersprüche der red. x. Den zusatz in x aber: 'ok vill hann taka tungl ok svá mun verþa' hat der überarbeiter durch falsches verständnis des 'fyr' der Grím. in seine überarbeitung gebracht. Diese soeben aus den hss. gefundene auffassung von Skǫll und Hati wird durch eine stelle der Hervararsaga unterstützt. Hier heisst es (ausg. von Petersen s. 65): þat er sól, hón lýsir lǫnd ǫll ok skínn yfir alla menn, en Skalli ok Hatti heita vargar, þat eru úlfar; er annarr þeira fram fyri, en annarr eptir sólu. Somit gibt uns A an dieser stelle zweifelsohne die allein richtige lesart.

AM. I. 76⁸ wird in x von den nornen gesagt: taka vatn í brunninum. Dass dieser lesart die von A: 'taka vatn or brvnninvm' vorzuziehen ist, unterliegt wol keinem zweifel.

AM. I. 78⁷ ist die auffassung in A, dass die lichtelfen weisser als die sonne seien, ursprünglicher als die in x, dass sie schöner als dieselben seien. Dem gleich folgenden svartari entspricht nur das hvitari des cod. A.

AM. I. 90⁹ nennt x Þórs handschuh járnglófi. Das regelmässige wort ist aber, wie auch A hier hat, járngreipr.

AM. I. 90²¹ soll Baldr nach x der weiseste (vitrastr) der ásen sein; der ganze zusammenhang der erzählung lehrt uns aber, dass wir mit A: hvítaztr (= der weisseste) zu lesen haben.

AM. I. 100¹² sagt x von Heimdall: sér jafnt nótt sem dag. Diesem acc. ist das vm nott sem vm dag des cod. A vorzuziehen.

AM. I. 98⁴ ff. findet sich in x die stellung der einzelnen züge:

þat er orþtak, at sá er týhraustr er umfram er aþra ok ekki sétsk fyr; hann er vitr, svá at er ok mælt, at sá er týrspakr er vitrastr er.

Es folgt die erzählung von der fesselung des Fenriswolfes.

Eu þá er æsir villdu eigi leysa hann, þá beit hann hondina af, þar er nú heitir úlfliþr; ok er hann einhendr ok ekki kallaþr sættir manna.

Cod. A aber hat (AM. II. 269 [11]):

Þat er orþtak at sa er tyhravstr er vmfram er aþra. ok þat er eitt mark vm hravstleik hans ok diarfleik.

Es folgt die fesselung des Fenriswolfes.

En er æsirnir villdo eigi leysa hann, þa beit hann af hondina þar sem nv heitir vlfliþr ok er hann einhendr. hann er sva vitr at þat er ok mælt at sa se tyrspakr. en ecki er hann kallaþr sættir manna.

Die stellung in A ist hier jedenfalls die richtige: an týhraustr anknüpfend bringt der cod. ein beispiel von der tapferkeit des ásen. Die schlussworte: ‘er ist aber kein friedensstifter unter den menschen’ lassen sich nur aus A erklären. Ein kriegsgott kann unmöglich zugleich friedensgott sein.[1]) Die worte erhalten nur ihre berechtigung durch die unmittelbar vorausgehende bemerkung, dass Týr auch weise sei.

AM. I. 102 [12] ist Vali nach x ein glücklicher schütze, nach A ein geübter. Letzteres ist das ältere und bessere.

AM. I. 114 [22] soll nach x die Freyja ihre mannigfachen namen bekommen haben, er hón fór með ókunnum þjóþum at leita O'þs; A dagegen schreibt: er hon kom með ymsvm at —. Nur aus der lesart von A erklären sich die mannigfaltigen namen.

AM. I. 116: Vár und Vǫr (Vár ok Vavr C, Var ok Vǫr B). In seiner abhandlung über Wára und Wara tritt Müllenhoff (Zs. f. d. alt. n. f. IV. s. 152) für die identificierung der beiden göttinnen, wie sie uns cod. A (vavr zweimal) bietet, ein, eine ansicht, welche früher schon von Rask ausgesprochen worden ist (Edda s. 37 anm. 6). Ein rein äusserlicher grund brachte mich zu gleicher annahme: bei allen ásinnen — ausgenommen die Snotra d. h. diejenige ásin, welche uns nicht tätig vorgeführt wird, sondern von welcher nur eigenschaften

---

[1]) Vgl. Harbarþzljóþ 24, 3—4:

atta ek jǫfrum
en alldri sættak.

erwähnt werden und daher wol mit Simrock (Mythol. s. 383)
als einfache personification geläufiger begriffe aufzufassen ist
— findet sich die einführung in A dadurch, dass erst der
name, dann das pronomen steht (z. b.: Siofn hon — Lofn
hon — Vavr hon — etc.). Letzteres findet sich nun in A da,
wo die Vor das zweite mal erwähnt wird, nicht. Nun wäre
es doch in der tat sonderbar zufällig, wenn dieser doch ziemlich ungeschickte schreiber von A gerade hier das pronomen
ausgelassen hätte, wo er kurz vorher den ursprünglichen
namen durch den gleich darauf folgenden verändert und somit eine notwendige identificierung von Vär und Vor hervor-
gerufen hätte. Dieses zusammentreffen könnte ich mir nicht
anders erklären, als dass der schreiber bei seiner abschrift
davon überzeugt gewesen wäre, dass Vär und Vor vollständig
gleich sind. Allein dies kann ich dem schreiber von A, welcher
ja oft ganz sinnlos seine abschrift widergibt, nicht zutrauen.
Dass wir in beiden göttinnen ein und dieselbe zu finden haben,
wird weiter unterstützt durch die lesart von cod. C. Dieser
liest: Vavr hon er o k vitr —. Dies ok zeigt aber ganz entschieden darauf hin, dass bereits eigenschaften von der Vavr
angeführt sind. Ich halte daher die gleichschreibung Vavr in
A für das ursprüngliche und schreibe die trennung in zwei
verschiedene äsinnen nur dem uns auch aus anderen stellen
als veränderer seiner vorlage bekannten bearbeiter von x zu.

    Müllenhoffs hypothese wurde von Bugge (Aarb. 1875
s. 216) angegriffen. Er sagt daselbst: 'Die namenreihe der
Sn. E., älter als das ursprüngliche werk, hat Snorri gekannt
und in Skáldskm. offenbar benutzt. Dort findet sich der
unterschied zwischen Vär und Vor und wir haben in folge
dessen in den cod. B und C das ursprüngliche.' Ich will
keineswegs bestreiten, dass die namenreihe älter als die Sn. E.
und in Skáldskm. benutzt ist; Bugge hat es in seiner abhandlung mehr als wahrscheinlich gemacht. Allein sind wir deshalb berechtigt auch benutzung derselben in Gylfag. anzunehmen? So lange noch kein überzeugender beweis geführt
ist, dass beide teile der Edda von gleichem verfasser sind,
müssen sie bei den untersuchungen streng geschieden werden,
mögen wir Snorri für den verfasser des einen oder anderen

teiles halten, mögen wir Gylfag. oder den Skáldskm. die prio-
rität einräumen.

Nun lässt sich aber in Gylfag. benutzung der Nafnaþulur
nicht nur nicht nachweisen, wir müssen vielmehr sagen, dass
der verfasser der Gylfag. dieselben gar nicht gekannt hat.
Denn

1) bei den namen O'þins kennt Gylfag. 8 mehr als die
   Nfþ., die Nfþ. 73 mehr als Gylfag.

2) Von O'þins söhnen (AM. I. 553) werden 8 in Gylfag. gar
   nicht erwähnt; ebenso von den ásinnen (AM. I. 516) 5.
   Drei (Nanna, Skaþi, Gerþ.) derselben finden sich nicht
   bei aufzählung der ásinnen, sondern an ganz anderer
   stelle. Eir ist in Gylfag. ásin, in den Nfþ. valküre.
   Hätte nun der verfasser der Gylfag. die Nfþ. gekannt,
   so würde er ohne zweifel die noch in seiner aufzählung
   fehlenden am schluss von cap. 36 aufgeführt haben.

3) Bei den valküren kennt Gylfag. 10 mehr als Nfþ., letztere 5 mehr als Gylfag. Auch hier hat der verfasser
   der Gylfag. die namenreihe der Grím. durch einen prosa-
   satz zu vervollständigen gestrebt, die noch in Nfþ. stehenden würden sicher bei kenntnis der Nfþ. nicht gefehlt
   haben.

Alle diese punkte machen es wol mehr als wahrscheinlich,
dass die Nfþ. in Gylfag. nicht benutzt sind, dass wir aus der
übereinstimmung derselben mit den cod. BC (x) nicht auf die
ursprüngliche fassung von x schliessen dürfen. Nun sind aber
die Nfþ. nur der ausführlichen red. eigen. Mit recht betont
Bugge (s. 212), dass cod. A darin, dass er dieselben nicht hat,
das ursprüngliche bewahrt habe. Die Nfþ. müssen also von
dem bearbeiter von x in die Edda gekommen sein, er muss
also aus diesen die differenzierung gekannt haben und von
ihm rührt daher wol nur dieselbe in Gylfag. her.

AM. I. 120 [7] muss die eine valküre nach A: Rosta (= tu-
multus) heissen und nicht wie in x 'Rota'.

AM. I. 120 [10] heisst es in x: Gýmir hét maþr en kona
hans O͜rboþa, hón var bergrísa ættar. Für hón schreibt A:
hann. Letzteres bezieht sich auf Gýmir und ist ohne zweifel
das richtige. O͜rboþa findet sich nirgends als riesin belegt,

Gýmir dagegen an verschiedenen stellen.[1]) Da aber Gýmir
ein riese ist, kann O̩rboþa keine riesin ·sein, denn riesen
müssen riesenjungfrauen erzeugen; dass aber Gerþ eine solche
ist, davon weiss die nordische literatur nichts.

AM. I. 128 [16] fliesst nach x aus den eutern der ziege
Heiþrún met, nach A milch. Ich halte letztere anschauung für
die ältere und ursprünglichere.

AM. I. 136 [13] wird vom hengst Svaþilfari gesagt, als er
die stute aus dem walde kommen sieht: 'þá œddisk hann.'
So nach x. A hat 'œra', den gewöhnlichen ausdruck vom
wüten der rosse.

AM. I. 140 [22] schreibt x: en hér mun sjá sitja nær er
vita munu (vita B) so̩nn tiþindi; A (AM. II. 280 [29]): en nær
sitr sa er veit. — In x gehen die worte auf mehrere, allein
sie können, wie in A, sich nur auf Þriþi beziehen; dies beweist der gleich darauf folgende satz: hann mun eigi ljúga.

Hat sich bisher in vielen und in meistenteils schwer-
wiegenden punkten A gegenüber x als eine hs. gezeigt, welche
oft das bessere gibt, so muss ich zum schluss noch erwähnen,
dass uns oft auch A einen vollständigeren text gibt.
Ich habe gegen 70 solcher stellen in Gylfag. gefunden. Von
diesen plusstellen gegenüber x ist aber ein nicht geringer teil
sehr beachtenswert. Solche stellen sind:

AM. II. 254 [7] erfahren wir, dass Gylfi in A'sgarþ viele
hallen sieht.

AM. II. 255 [21] erfahren wir, dass Surtr über Múspellzheim
herscher ist.

AM. II. 258 [12] sagt A: þar (zu A'sgarþ) bygþi oþinn ok
ettir þeira er varar ættir ero fra komnir. Hierdurch bekommen wir eine klare vorstellung, wen der verfasser der einklei-
dung der Gylfag. unter Hár, Jafnhár und Þriþi verstanden
wissen will: nachkommen der äsen, welche die welt geschaffen
und eingerichtet haben. x (AM. 541 [3]) sagt nur: þar bygþu
guþin ok ættir þeira.

[1]) Vgl. AM. I. 549, namentlich aber Hyndlj. 30, 4—6:
        hón (Gerþr) var Gýmis dóttir,
        jotna ættar,
        ok O̩rboþu.

AM. I. 56 ¹⁴ wird es uns nach x eigentlich nicht recht
klar, weshalb die götter Sól und Máni übermütig finden. A
dagegen setzt zu ofdrambi (AM. II. 258 ³⁰) noch die notwen-
digen worte: er þav heto *sva*.

AM. II. 260 ¹² sagt uns A, dass die ásen ein besonderes
haus erbauten, in welchem sie ihre schmiedearbeiten verrich-
teten. x kennt diesen zug nicht.

AM. II. 260 ²⁴ erfahren wir in A, dass Móþsognir der
höchste der zwerge ist, was durch Vlsp. 10 ² gestützt wird.
In x erfahren wir hiervon nichts.

AM. II. 266 ¹⁵ fragt Gangleri in A nach dem namen 'an-
narra goþanna eþa asanna' und 266 ¹⁸ ist Þór nach A 'sterk-
astr asa ok allra goþanna'. In x fehlt im ersten falle goþanna eþa', im zweiten 'ása ok'. Ich würde auf diese stellen
in A kein besonderes gewicht legen, wenn ich hier nicht die
brücke zur lösung eines scheinbaren widerspruches in Gylfag.
fände:

AM. I. 82 ²⁰ steht ausdrücklich: Tólf eru æsir goþkunnigir.
Darauf folgen aber die namen von 14 gottheiten. Sollte vielleicht der verfasser noch einen unterschied zwischen ásen und
göttern gemacht haben, zumal da bei Njǫrþ. (AM. I. 92 no. 14)
ausdrücklich gesagt wird: eigi er Njǫrþr ása ættar? Diese
worte sind dann gewissermassen eine berichtigung der worte:
en þriþi áss er sá er Njǫrþr heitir. Die ásen wären dann nach
auffassung des verfassers der Gylfag. nur ein teil der götter;
zu letzteren gehörten auch Njǫrþ. und Frey.

AM. II. 267 ² sagt uns A, dass Þór auf seinem wagen
nach Jǫtunheim fahre. Diesen ort nennt x nicht.

AM. II. 267 ¹⁵ gibt nur A dem Baldr den beinamen inn
goþi, nicht auch x. Ebenso sagt (267 ²⁰) A von Baldr: a silki
likam ¹); wovon x ebenfalls nichts sagt.

AM. II. 267 ³⁰ herscht Frey nach A über friede und glück;
nach x (AM. I. 95 ⁵) nur über das glück der menschen.

AM. II. 270 ¹⁶ ist es nach A der wille der götter und menschen, den Hǫþr nicht nennen zu dürfen, nach x (AM. I. 102 ⁵)
nur der wille der götter.

Bei schilderung der qualen bei der Hel sagt x nur (AM.

¹) So hat A. Im abdruck der AM.-ausg. fehlt dieser zug.

I. 106 ⁹): fallanda foraþ þreskolldr; A (AM. II. 271 ²⁷): fallanda
forað grind þolmoþnir (geduld ermüder?) þreskolldr.

AM. II. 287 ² bittet nach A der riese Y'mir den Þór, als
sie an der angelstätte des riesens angelangt sind, nicht weiter
zu rudern. Diesen zug hat x nicht. Er ist jedoch im hinblick
auf die quelle, welche hier eine halbstrophe Bragis ist (AM. I.
504), ursprünglich.

AM. II. 288 ⁷ sagt A, dass Loki den verhängnisvollen
mistelzweig mit den wurzeln herausgerissen habe. Hiervon
berichtet x nichts.

Die eben angeführten stellen mögen genügen, um die tat-
sache festzustellen, dass A auch gegenüber x plusstellen
hat, und zwar stellen, welche zuweilen in unserer
mythologie sehr zu beachten sind. Ganz anders war
es mit den plusstellen in x: diese, wenn sie nicht nichts-
sagende worte waren, liessen sich mit wenigen ausnahmen auf
ihre quelle zurückführen, dieselbe hat aber der bearbeiter zum
grösseren teil recht unglücklich benutzt und dadurch eine
menge misverständnisse in unsere mythologien gebracht.

Ziehen wir nun nach dieser vergleichung in betracht, dass
wir keinen grund haben, in A eine principiell gekürzte hs. zu
finden, dass wir im gegenteil in x bei manchen stellen sicher,
bei anderen mit wahrscheinlichkeit eine überarbeitende hand
erkennen, dass ferner A bald mit B gegenüber C, bald allein
gegenüber x und zwar in beiden fällen überwiegend, uns die
richtige lesart oder fassung überliefert, dass ferner A eine
nicht geringe zahl zuweilen wichtiger momente uns mehr vor-
führt, so sind wir zu dem resultate geführt,

dass wir in A nicht nur die älteste, sondern
auch die dem originale am nächsten stehende
hs. haben.

Der aus dieser betrachtung hervorgehende hohe wert von A
wird allerdings dadurch herabgedrückt, dass der schreiber
ziemlich flüchtig bei seiner arbeit verfahren ist, wenig sinn für
seine sache und eine gewis eben so grosse unkenntnis derselben besessen hat.

Diese hs. A aber kann nicht gut dem bearbeiter von x
zu grunde gelegen haben; denn an einigen stellen hat uns x
das ursprüngliche, zuweilen auch den vollständigeren text be-

wahrt. Wir müssen also x und A einer gemeinschaftlichen vorlage unterordnen; ich bezeichne dieselbe mit Y. Der schreiber von Y scheint sein werk durch ziemlich lose hingeworfene randbemerkungen (– z. b. die erzählung von Hræsvelgr –) und an gleichen mängeln leidende einschiebungen (Gylfag. c. 10–13. c. 38) zu erweitern gesucht zu haben. Im ganzen aber hat er das, was er niedergeschrieben, verstanden, wenn auch das neu hinzugefügte mehr angedeutet als erzählt ist. Daher litt dieses Y an manchen stellen an dunkelheiten. Diesen fehler nahm der schreiber von A bei seiner arbeit mit in kauf: er schrieb ab was er geschrieben fand. Auf dieses Y geht aber auch die handschriftengruppe x zurück; dafür zeugen die allerdings wenigen fehler, welche A mit C gegenüber B oder mit B gegenüber C gemein hat. . Der verfasser von x war ohne zweifel ein belesener und gelehrter mann. Er fühlte die mängel seiner vorlage und suchte dieselben auszubessern. Er fügte erzählungen ein, stellte andere an besseren platz, erweiterte einige und flocht hier und da seine persönliche ansicht ein. Bei dieser arbeit hat ihm jedenfalls eine unserem cod. reg. no. 2365 sehr nahe stehende hs. der Eddalieder zu gebote gestanden. Ich will hier nur auf die veränderungen mit hülfe der Skírnismál und Grímnismál hinweisen, auf andere stellen werde ich später noch aufmerksam zu machen haben. Allein diesem bearbeiter scheint das verständnis für den inhalt der Eddalieder fast vollständig geschwunden zu sein; in den bei weitem meisten stellen, wo er sie benutzt, legt er in dieselben einen falschen sinn. Auch in bezug auf stilistik ist diesem bearbeiter nicht besonderes lob zu erteilen: der stil ist breit und entspricht oft keineswegs dem des cod. A. Wendungen wie AM. I. 42 [15]: Svá sem kalt stoþ af Niflheimi ok allir blutir grimmir.

AM. I. 76 [23]: Sú dogg, er þaþan af fellr á jorþina, þat kalla menn hunnangfall. u. dgl. finden sich in A nicht.

Aus all den eben erwähnten gründen finde ich in x keine abschrift, sondern eine bearbeitung der vorlage und glaube deshalb berechtigt zu sein von einer redaction x gegenüber der red. A sprechen zu dürfen.

Diese bearbeitende hand hat sich aber nicht nur über

Gylfag., sondern über die ganze Edda erstreckt: sie hat die
praefatio erweitert, sie hat die Nafnaþulur eingefügt, sie hat
wol auch die grammatischen abhandlungen in das corpus
eddicum gebracht. Bei letzteren zeigt sie sich am schlagendsten. Den 2. grammatischen tractat (Um Stafrofit AM. II. 74 ff.)
hat bekanntlich ausser dem cod. B auch der cod. A (AM. II.
364 ff.).[1]) Im cod. B ist derselbe einerseits ausführlicher; die
plusstellen desselben aber gegenüber A sind meist wörtlich aus
dem 1. tractate entlehnt. So AM. II. 52 [18]: Sól heitir Titan
etc. = 38 [11]: Titan heitir sól etc. AM. II. 54 [10]: En fyrir
því nú etc. = II. 30 [16]: En fyrir því nú etc. u. dgl.

Wenn wir aber einerseits erwägen, dass der 2. tractat in
B mit hülfe des 1. tractats erweitert worden ist, dass andererseits in B auf den 2. tractat unmittelbar die tractate des O'láf
Þorþarson folgen, so hat die von Müllenhoff (a. a. o. s. 152)
ausgesprochene hypothese, dass O'láf der bearbeiter von x
sei, sehr viel wahrscheinlichkeit für sich. Auf diese redaction
x gehen nun die beiden hss. B und C zurück. Von diesen
steht B dem originale näher. Zwar hat der schreiber die form
der handschrift seiner zeit angepasst, inhaltlich aber hat er
sich sehr treu an seine vorlage gehalten. Er gibt dieselbe mit
verständnis wider und ist von der bedeutung des werkes überzeugt. Anders steht es mit dem schreiber von C: gibt er uns
zuweilen auch sehr alte formen wider, oft ältere als sie uns
A bietet[2]), so entfernt er sich doch inhaltlich mehr von seiner
vorlage. Eine menge von fehlern zeigt, dass er mehr gewicht
auf das äussere, als auf den inhalt gelegt hat. Ich halte ihn
daher einer verbesserung (vgl. s. 497) oder einer abglättung,
wie sie sich cap. 2 findet, nicht für fähig. Deshalb möchte
ich zwischen dem uns erhaltenen cod. C und x eine hs. annehmen (z), welcher wahrscheinlich das fragment H (AM. I.
c β) sehr nahe steht, zumal da letzteres auf seiner letzten

---

[1]) Der zeitpunkt, in welchem dieser 2. tractat verfasst ist, hindert
uns nicht, als verfasser desselben den Snorri anzusehen (vgl. AM. II.
14 no. 1).

[2]) Ich verweise hier auf formen wie spekð (AM. I. 68 [17]), þaukþv
(78 no. 17), hyggvi (AM. I. 80 [13] und öfter), hrimþursar, ó = á u. dgl.

seite fast dieselbe genealogie der Sturlungen enthält, wie cod. A.

Somit stellt sich für Gylfag., abgesehen von den papierhss. und dem compilat. cod. D, folgendes handschriftenverhältnis heraus:

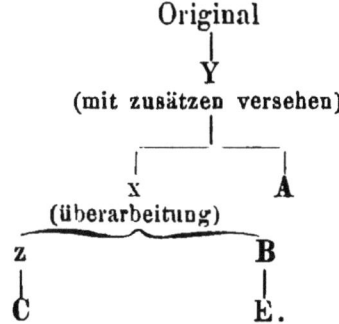

VITA.

Ich Eugen Mogk wurde geboren zu Doebeln am 19. juli
1854. Meine eltern, welche beide noch am leben sind, heissen
Hermann und Ernestine geb. Taube. Meinen ersten unterricht
erhielt ich an der stadtschule meiner vaterstadt. Seit dem
1. märz 1868 besuchte ich das progymnasium zu Grimma.
Ostern 1869 wurde ich in der königl. sächs. fürsten- und landes-
schule Grimma aufgenommen. In regelmässiger reihenfolge
besuchte ich die classen von III^b bis I^a und legte ostern 1875
die maturitätsprüfung ab. Ich liess mich als student der phi-
lologie und geschichte an der universität Leipzig immatriculieren.
Vor beginn meiner studien genügte ich von ostern 1875—76
meiner militärpflicht. Studiert habe ich zu Leipzig sieben semester; während derselben beschäftigte ich mich namentlich
mit dem studium der germanischen sprachen und der geschichte.
Vorlesungen habe ich gehört bei den herren professoren Arndt,
Braune, Curtius, Hildebrand, Hübschmann, Voigt,
Wenck, Zarncke und dem herrn privatdocent dr. Edzardt.
Dem königl. deutschen seminar habe ich ein semester als ausser-
ordentliches mitglied unter leitung der herren prof. Braune
und Zarncke, als ordentliches zwei semester unter leitung des
herrn prof. Zarncke angehört; an den übungen des historischen
seminars nahm ich unter leitung der herren prof. Arndt und
und von der Ropp zwei semester hindurch teil. Ausserdem
gehörte ich zwei jahre der altnordischen gesellschaft des herrn
dr. Edzardi an.

Allen meinen hochverehrten lehrern, besonders aber herrn
prof. Zarncke und herrn dr. Edzardi, sage ich für die för-
derung in meinen studien meinen herzlichsten dank.